SWEDISH PICTURE DICTIONARY COLORING BOOK

Over 1500 Swedish Words and Phrases
for Creative & Visual Learners of All Ages

Color and Learn

Lingo Mastery

ISBN: 978-1-951949-57-0

Copyright © 2022 by Lingo Mastery

ALL RIGHTS RESERVED

No part of this book may be reproduced, stored in a retrieval system, or transmitted in any form or by any means, electronic, mechanical, photocopying, recording, scanning, or otherwise, without the prior written permission of the publisher.

Free Book Reveals The 6 Step Blueprint That Took Students **From Language Learners To Fluent In 3 Months**

- **6 Unbelievable Hacks** that will accelerate your learning curve
- **Mind Training:** why memorizing vocabulary is easy
- **One Hack To Rule Them All:** This secret nugget will blow you away...

Head over to **LingoMastery.com/hacks** and claim your free book now!

CONTENTS

Introduction 1
Basics of the Swedish Language 2
Känslor (Emotions) 22
Familjen (The Family) 24
Förhållanden (Relationships) 26
Värderingar (Values) 28
Människokroppen (The Human Body) 30
Inuti Människokroppen (Inside the Human Body) 32
Husdjur (Pets) 34
Djurparken (The Zoo) 36
Fåglar (Birds) 38
QUIZ #1 40
Reptiler och Amfibier (Reptiles and Amphibians) 42
Insekter och Spindeldjur (Insects and Arachnids) 44
Däggdjur I (Mammals I) 46
Däggdjur II (Mammals II) 48
Fiskar och Mollusker (Fish and Mollusks) 50
Kläder I (Clothing I) 52
Kläder II (Clothing II) 54
Vädret (The Weather) 56
Årstiderna – Vår (The Seasons – Spring) 58
Årstiderna – Sommar (The Seasons – Summer) 60
QUIZ #2 62
Årstiderna – Höst (The Seasons – Fall/Autumn) 64
Årstiderna – Vinter (The Seasons – Winter) 66

Tid (Time) 68

Huset (The House) 70

Köksföremål (Kitchen Items) 72

Sovrumsföremål (Bedroom Items) 74

Badrumsföremål (Bathroom Items) 76

Vardagsrumsföremål (Living Room Items) 78

Matsalsföremål (Dining Room Items) 80

QUIZ #3 82

Trädgården/Bakgården (The Garden/The Backyard) 84

Tvättstugan (The Cleaning Room) 86

Skolan/Universitetet (The School/The University) 88

Kontoret (The Office) 90

Arbeten/Yrken (Professions/Occupations) 92

Transportmedel (Means of Transport) 94

Landskap (Landscapes) 96

Sporter I (Sports I) 98

Sporter II (Sports II) 100

Juldagen (Christmas Day) 102

QUIZ #4 104

Musikinstrument (Musical Instruments) 106

Frukter (Fruits) 108

Grönsaker (Vegetables) 110

Teknik (Technology) 112

Vetenskap (Science) 114

Astronomi (Astronomy) 116

Geografi (Geography) 118

Sjukhuset (The Hospital) 120

Bondgården (The Farm) 122

QUIZ #5 124

Mat (Food) 126

Maträtter (Dishes) 128

Fisk och Skaldjur (Seafood) 130

Former (Shapes) 132

Stormarknaden (The Supermarket) 134

Media (Media) 136

Nöjesparken/Tivoli (The Fair/The Amusement Park) 138

Livshändelser (Life Events) 140

Adjektiv I (Adjectives I) 142

QUIZ #6 144

Adjektiv II (Adjectives II) 146

Adverb (Adverbs) 148

Riktningar (Directions) 150

Restaurangen (The Restaurant) 152

Köpcentret (The Mall) 154

Verb I (Verbs I) 156

Verb II (Verbs II) 158

Bygge I (Construction I) 160

Bygge II (Construction II) 162

QUIZ #7 164

Växter och Träd (Plants and Trees) 166

Karnevalen (The Carnival) 168

Verkstaden (The Workshop) 170

Mataffären (The Grocery Store) 172

Resande och Boende I (Travel and Living I) 174

Resande och Boende II (Travel and Living II) 176

Leksaker (Toys) 178

Födelsedagskalaset (The Birthday Party) 180

Motsatser (Opposites) 182

QUIZ #8 184

Conclusion 186

Answers 187

INTRODUCTION

The Swedish Picture Dictionary Coloring Book is a fun vocabulary building tool with illustrations that you can color in while studying. It covers an immense range of topics that will help you learn everything related to the Swedish language in a more casual and everyday context, from animals and the weather to parts of the house and how to describe things.

This introduction is a guide to help you get started with your Swedish journey and polish your basic grammar, spelling, punctuation and vocabulary skills.

Good luck – and **remember to enjoy yourself!**

BASICS OF THE SWEDISH LANGUAGE

I. **Spelling and Pronunciation**

a) **The Swedish Alphabet**

Where do you start when you want to learn a new language? The first step in order to read Swedish and to understand basic Swedish pronunciation is to learn the Swedish alphabet and how the letters sound. So, what does the Swedish alphabet look like? Well, Swedish and English share the same 26 letters. However, Swedish also has three additional letters: the vowels Å, Ä, and Ö. You will find these letters at the very end of the alphabet, added after the more familiar 26. We are going to guide you through all 29 letters, beginning with the letter A and finishing with Ö. But before we start, there are a few things you should be aware of.

One of the most important things to know is that all Swedish vowels can be pronounced in two different ways – they can be either "short" or "long". For this reason, when going through the alphabet below, both short and long vowel sounds will be referenced throughout. There are some general rules for when a vowel will be short or long.

For example, you can only have a long vowel in a stressed syllable. A stressed syllable refers to a type of emphasis; it can mean that the syllable in question is pronounced with a higher pitch, or lasts longer, or even sounds louder. Therefore, all vowels in unstressed syllables are short. Stressed syllables may also contain short vowels, but the vowel will usually be long if it's followed by no consonant, or by only one consonant. If followed by more than one consonant, the vowel should be short.

The second thing to note is that vowels can not only be long or short – they can also be hard or soft! A, O, U, and Å are hard vowels; E, I, Y, Ä, Ö are soft vowels. This sometimes affects how other letters surrounding the vowel are pronounced.

In some cases, letters form certain "letter-clusters", such as SCH, GJ, SK, and TJ. These different combinations of letters change the pronunciation of the letters in question. But don't worry about this just yet, we will dive deeper into these combinations later! For now, we will focus on how the letters sound on their own, without other letters' influence.

Below, you will find information about each letter of the Swedish alphabet, the names and pronunciation of the individual letters, and a guide to the sounds they produce in words (including long and short vowel sounds).

We will also give you examples of Swedish words beginning with each letter and demonstrate how to pronounce them. The pronounciation guides will be written out in italics after each Swedish word, and the emphasis will be capitalized (emphasis will be explained further in *"c) Stress and Tone"*). Note that some sounds are different than those we know in English, so take your time and enunciate. Here we go!

A

Long vowel sound: A Swedish long A is pronounced like the A in the English word 'F<u>a</u>r', or the A in '<u>A</u>rt'. If you need help making this sound, try opening your mouth as if you were going to sing opera.

Short vowel sound: There isn't an exact equivalent for a short Swedish A in English. It's similar to an English short A (e.g., in 'C<u>a</u>t' or 'D<u>a</u>d') but to make it more like the Swedish short A, allow yourself to linger on the A for a little longer while you open your mouth slightly sideways, as if to smile. If you are a Spanish-speaking person, a better comparison would be the first A in words like 'C<u>a</u>sa' and 'T<u>a</u>za'. If you know German, the Swedish short A can be likened to the one in 'Schn<u>a</u>ps'.

Reciting the alphabet: When reciting the alphabet, A should have a long vowel sound.

Swedish words beginning with a long A: 'Apa' (*AA-pah*, Monkey) and 'Av' (*AAV*, Off/By).

Swedish words beginning with a short A: 'Affär' (*ahff-AIR*, Shop) and 'Apelsin' (*ahpp-ell-SEEN*, Orange – the fruit, not the color).

B

Consonant sound: The letter B is pronounced the same way as in English, and there is only one way to pronounce it.

Reciting the alphabet: When reciting the alphabet, B is pronounced like the English word 'Beer' without the 'r'-sound.

Swedish words beginning with B: 'Barn' (*barn*, Child – pronounced very similarly to the English word 'Barn') and 'Bok' (*boohk*, Book).

C

Consonant sound: The Swedish C can be pronounced in two ways: like an English S or an English K. The S sound is by far the most common, and occurs when the C is followed by an I, E or Y. The K sound mostly appears in words that have been borrowed from foreign languages. Sometimes, Swedish combines C and K, making a hard K-sound, like in the English 'Pa<u>ck</u>' and 'La<u>ck</u>ing'.

Reciting the alphabet: When reciting the alphabet, C resembles the English word 'Sear', but without the 'r'.

Swedish words beginning with C: Cs that sound like an S can be found in words like 'Citron' (*sih-TROOHN*, Lemon) and 'Centrum' (*SENT-roumm*, Center). Cs that sound like a K can be found in 'Café' (*kahff-EEH*) and 'Camping' (*KAHMM-ping*), words you'll recognize from English.

D

Consonant sound: Just like B, this consonant also sounds the same as in English.

Reciting the alphabet: When reciting the alphabet, D sounds similar to the English words 'Deer' or 'Dear' without the 'r'-sound at the end.

Swedish words beginning with D: 'Dag' (*daag*, Day), and 'Dans' (*dahnns*, Dance).

E

Long vowel sound: The long E sounds very similar to like the English '<u>Ea</u>r' without the 'r'. The long E is found in names like 'Erik' and is created by stretching your mouth into a smile.

Short vowel sound: The short vowel sound is comparable to the E in the English words 'S<u>e</u>t' and 'N<u>e</u>ck', as opposed to the E in, for example, 'Greed'. The E in '<u>E</u>lton' is also similar to a Swedish short E. The short E only requires you to open your mouth a little. Try saying 'Erik' and then 'Elton' to get a feel for the difference!

Reciting the alphabet: When reciting the alphabet, make a long E-sound.

Swedish words beginning with a long E: 'Ek' (*ea-k*, Oak) and 'Envis' (*eehn-VEES*, Stubborn).

Swedish words beginning with a short E: 'Eld' (*ehlld*, Fire) and 'Efter' (*ehf-tehrr*, After)

F

Consonant sound: The Swedish F sounds just like the English F you are used to.

Reciting the alphabet: F sounds the same in the Swedish alphabet as it does when you are reciting the English alphabet.

Swedish words beginning with F: 'Fest' (*fehsst*, Party) and 'Fika' (*FEE-kah*, Coffee break).

G

Consonant sound: The Swedish G can be pronounced in two ways: either with a hard G sound, like in 'Gray' or 'Great', or with a Y sound similar to the first letter in 'Yesterday'. We get a hard G sound when the G is followed by one of the so-called "hard vowels": A, O, U, and Å. G is pronounced like a Y (soft G) when it is followed by one of the so-called "soft vowels": E, I, Y, Ä, and Ö.

Reciting the alphabet: When reciting the alphabet, G sounds like the English 'Gear' without the 'r'.

Swedish words beginning with G: 'Gaffel' (*GAHFF-ell*, Fork) has a hard G sound and Gilla (*YILL-ah*, Like) begins with a soft G sound.

H

Consonant sound: The Swedish H is pronounced like the H in English words like 'Hotel'.

Reciting the alphabet: When reciting the alphabet, H sounds similar to the word 'Horse' without the RS sound at the end of the word.

Swedish words beginning with H: 'Hej' (*hey*, Hi), 'Hoppa' (*HOPP-ah*, Jump), and 'Hungrig', (*HOUNG-rigg*, Hungry).

I

Long vowel sound: A long Swedish I is pronounced like a double E in English words like 'St<u>ee</u>p' and 'B<u>ee</u>', or the EA in 'Fl<u>ea</u>' and 'T<u>ea</u>'. Fun fact: the letter 'I' on its own is actually a Swedish word, and means 'In'!

Short vowel sound: The short Swedish I sounds similar to the I in 'Did' or 'Hid'. The difference between the long and short I sounds can be compared to the difference between the I sounds in English words like 'P<u>i</u>zza' and 'P<u>i</u>t'. When pronouncing these English words in a more exaggerated way than you would in a regular conversation, you will see a similar pattern regarding mouth movement as with the letter E.

Reciting the alphabet: When reciting the alphabet, the longer I sound is used.

Swedish words beginning with a long I: 'Is' (*ees*, Ice) and 'Iver' (*EEV-ehrr*, Eagerness).

Swedish words beginning with a short I: 'Inte' (*INN-teh*, Not) and 'Igen' (*Iyen*, Again).

J

Consonant sound: The Swedish J is pronounced like the Y in English words like '<u>Y</u>ellow' and '<u>Y</u>es'.

Reciting the alphabet: When reciting the alphabet, J is pronounced like "Yee".

Swedish words beginning with J: 'Ja' (*yaa*, Yes), 'Jobba' (*YOBB-ah*, Work), and 'Jul' (*yool*, Christmas).

K

Consonant sound: The Swedish K can sound either like the K in English words like 'Keen' and 'Keep', or like the SH in 'Shop' and 'Shame'. The rule here is the same as for the letter G; K is pronounced with a hard K sound when it's followed by the hard vowels: A, O, U, and Å. It is usually pronounced like SH (soft K) when followed by a soft vowel: E, I, Y, Ä, or Ö.

Reciting the alphabet: When reciting the alphabet, K is pronounced like the first bit of 'Core', without the final R sound.

Swedish words beginning with K: Examples of Swedish words beginning with a hard K are 'Katt' (*kahtt*, Cat) and 'Kamera' (*KAA-mehrr-AH*, Camera). A couple of words beginning with a soft K are 'Köpa' (*SHUUH-pah*, Buy) and 'Kärlek' (*SHAIR-leehk*, Love).

L

Consonant sound: The sound of the Swedish L is very similar to the English. When saying the letter L in a word, it sounds like the L in names such as 'Lily' and 'Larry'. The only real difference between the Swedish and the English L is where you place your tongue when you are making the L sound. When saying a Swedish L, your tongue should be closer to your front teeth than when saying an English L, but without touching the teeth. Try saying an English L while noticing the position of your tongue, then try to only let the tip of your tongue touch the upper palate.

Reciting the alphabet: When reciting the alphabet, just say the first syllable of the name 'Ellen', similar to when reciting the English alphabet.

Swedish words beginning with L: 'Ladda' (*LAHDD-ah*, Charge), 'Ledsen' (*LEHSS-enn*, Sad), and 'Läsa' (*LAI-sah*, Read).

M

Consonant sound: The M in Swedish is pronounced the same as in English.

Reciting the alphabet: M is pronounced the same in the Swedish alphabet as in the English alphabet.

Swedish words beginning with M: 'Mamma' (*MAHMM-ah*, Mom) and Middag (*MIDD-ahg*, Dinner).

N

Consonant sound: Another easy one – the Swedish N sounds the same as in English.

Reciting the alphabet: N in the Swedish alphabet also sounds the same as in the English alphabet.

Swedish words beginning with N: 'Namn' (*nahmn*, Name), 'Nej' (*ney*, No), and 'Näsa' (*NAI-sah*, Nose).

O

Long vowel sound: A Swedish long O sound can be hard to perfect. It can be likened to the 'Ooh' in the phrase 'Ooh la la', and to the OO and OU in the English words 'Fool' and 'Ghoul'. A tip is to try forming your lips as if you were sucking on a straw.

Short vowel sound: A short Swedish O sounds like the O in 'Oliver'.

Reciting the alphabet: When reciting the Swedish alphabet, make a long O sound.

Swedish words beginning with a long O: 'Olika' (*ooh-LEAK-ah*, Different) and 'Ord' (*oohrd*, Word).

Swedish words beginning with a short O: 'Och' (*ock*, And) and 'Ofta' (*OFF-tah*, Often).

P

Consonant sound: The Swedish P sound is the exact same as in English.

Reciting the alphabet: When reciting the Swedish alphabet, P is pronounced like the English word 'Peer' without the 'r'.

Swedish words beginning with P: 'Pappa' (*PAHPP-ah*, Dad), 'Prata' (*PRAA-tah*, Talk), and 'Person' (*peh-SHOOHN*, Person).

Q

Consonant sound: The letter Q is rarely used in the Swedish language, but when it is, it has a hard K sound.

Reciting the alphabet: In the Swedish alphabet, Q is pronounced similarly to the English word 'Coo' or 'Coup'.

Swedish words beginning with Q: A couple of Swedish words beginning with Q are 'Queer', and 'Quiche', which both have the same meaning and pronunciation as in English!

R

Consonant sound: The Swedish R tends to be a bit more "rolling" than the English R. The R sound is also located in different areas of your mouth in Swedish compared to English. The English R is made further back in the mouth, while the Swedish R is just slightly behind your upper teeth, similar to the letter L. You can try rolling your tongue into an "rrr" sound (like an alarm bell!) in these different areas of your mouth and see if you notice any difference. In general, Swedish words tend to be formed closer to the opening of the mouth than English words.

That being said, the Swedish R can also sound differently depending on what comes after it. Native Swedish speakers tend not to make rolling Rs when they can combine the R with the subsequent letter and make just one simple sound. This happens with letter combinations such as RD, RN, RT, RL, and RS. However, we would recommend that you focus on the rolling Rs for now, before moving on to different sound combinations, since a simple rolling R is enough to make yourself understood.

Reciting the alphabet: When reciting the Swedish alphabet, R is pronounced similar to the English word 'Air', or the first syllables of words like '<u>Er</u>ror' and '<u>Er</u>rand' – just try and make the sound closer to your mouth's opening, and to roll the R.

Swedish words beginning with R: 'Rast' (*rahsst*, Break), 'Rita' (*REE-tah*, Draw), and 'Ros' (*roohs*, Rose).

S

Consonant sound: The Swedish S sounds the same as the English S.

Reciting the alphabet: Pronounced the same as in the English alphabet.

Swedish words beginning with S: 'Sannt' (*sahnnt*, True), 'Soffa' (*SOFF-ah*, Couch), and 'Stor' (*stoohr*, Large/Big).

T

Consonant sound: The Swedish T sounds like the T in English words beginning in T, such as 'Tree' and 'Table', rather than the T in the middle of English words. For example, have you ever thought about how the Ts in 'Letter' sound more like Ds than Ts?

Reciting the alphabet: In the Swedish alphabet, T sounds like the English word 'Tear' without the R sound at the end.

Swedish words beginning with T: 'Tack' (*tahck*, Thanks), 'Tid' (*teed*, Time), and 'Trött' (*truhtt*, Tired).

U

Long vowel sound: The Swedish U can be a bit complicated, both to explain and for a non-native speaker to make. There isn't really any English sound that completely replicates it. The OO sound in the word 'Too' or the OU in 'You' is about as close as it gets. To try and say it, make a tight O shape with your lips, like you are about to blow out a candle. Then try to say 'Ooh', while keeping your lips tense. The long U should be formed closer to your mouth's opening than the short U.

Short vowel sound: The short Swedish U sounds more like 'Uh'. Try saying the English word 'Food' really quickly – a short Swedish U is similar to that OO sound. This short U is created further back in the mouth, closer to the throat.

Reciting the alphabet: Make a long U sound.

Swedish words beginning with a long U: 'Ut' (*oot*, Out) and 'Ubåt' (*oo-BAUT*, Submarine).

Swedish words beginning with a short U: 'Ung' (*oung*, Young) and 'Uppfinna' (*oupp-FINN-ah*, Invent).

V

Consonant sound: The Swedish V sounds the same as an English V.

Reciting the alphabet: When reciting the alphabet, say the English word 'Veer' without the 'r'.

Swedish words beginning with V: 'Vacker' (*VAHCK-ehrr*, Beautiful), 'Vinna' (*VINN-ah*, Win), and 'Vokal' (*voh-KAAL*, Vowel).

W

Consonant sound: While W is referred to as a "double-U" in English, Swedes call this letter a "double-V" (or 'Dubbel-V' in Swedish)! The Swedish W is usually pronounced the same as the letter V, with the exception of certain loanwords, some of which are pronounced the same in Swedish as in their original languages. This rule applies even if the spelling of the word has become "Swedishized".

Reciting the alphabet: When reciting the Swedish alphabet, say 'Dubbel-V', pronounced *duhbb-ell-VEEH*.

Swedish words beginning with W: A few examples of Swedish words beginning with W are 'Whisky' and 'Wok' (both of which are pronounced the same as in English), and 'Webbsajt' (*vebb-site*, Website).

X

Consonant sound: You won't find the letter X too often in the Swedish language, but when used in words it makes the same KS sound as in English words like 'Ex' and 'Fax'.

Reciting the alphabet: X sounds the same as in the English alphabet.

Swedish word beginning with X: One of the very few Swedish words beginning with X is 'Xylofon' (*KSYLL-oh-FAUN*, Xylophone)!

Y

Long vowel sound: The Swedish Y is a vowel very similar to the German Ü, sounding more like 'UE'. Try pronouncing Y like the Y at the end of names like 'Mar_y_' and 'Terr_y_', but linger on the Y to make it longer. To many Swedish learners, the Swedish Y and I sound the same, but trust us, there is a difference! To fully master the long Y, start by making a long I sound, like the EE in 'B_ee_', and keep making that sound. Notice how your mouth is shaped almost like a smile? Keep making the EE sound, but instead form your lips into an O shape; they should be sticking out. Now you should be making a long Y sound! Sometimes, especially with loanwords, the Swedish Y is pronounced more like a Swedish J or an English Y, like in the words 'Yacht' and 'Yen'.

Short vowel sound: A short Swedish Y sounds very similar to the Y in 'Mar_y_' without lingering on the Y as we adviced you to do for the long Y sound.

Reciting the alphabet: Make a long Y sound when reciting the Swedish alphabet.

Swedish words beginning with a long Y: 'Yr' (_uer_, Dizzy) and 'Yta' (_UE-tah_, Surface/Area).

Swedish words beginning with a short Y: 'Yrke' (_UERR-keh_, Profession) and 'Yxa' (_UECKS-ah_, Axe).

Z

Consonant sound: Z is another rare letter in the Swedish language. Most Swedish words beginning with Z are loanwords. Unlike a lot of languages, Swedish doesn't usually differentiate between the Z and S sounds, meaning Z generally sounds like S. That being said, there are some loanwords where the Z makes a sound more similar to TS, but not many, and the S sound is the one to focus on.

Reciting the alphabet: When reciting the alphabet, the Swedish Z is pronounced "säta". We haven't covered how to make an Ä sound yet, but we will get there soon. Try saying _SEH-tah_, making the EH sound like a longer version of the E in 'Bed'.

Swedish words beginning with Z: 'Zebra' (_SEEH-brah_, 'Zoo' (_sooh_), and 'Zink' (_sinnk_) – these loanwords all have the same meaning in Swedish as they do in English.

Å

Long vowel sound: Finally, we have arrived at the additional Swedish vowels. It is easy to discard these letters as just variations of A and O, but this is not the case. To be able to pronounce these vowels correctly, one must understand that they are distinct and independent letters, just like Q is not just an O with an added line, but its own letter.

The long Å sound can be likened to the O sound in English words like 'F*o*r' and 'C*o*re', or the AU in the British English pronounciation of 'Autumn'. To replicate this sound, try saying "aw" while forming your lips into an O shape.

Also, remember how the letter I is a Swedish word meaning 'in'? Å is also a word, referring to a body of flowing water, like a stream – usually larger than a creek but smaller than a river.

Short vowel sound: To make a short Swedish Å sound, try saying the O sound in 'Song' or 'Lot'.

Reciting the alphabet: When reciting the alphabet, make a long Å sound.

Swedish words beginning with a long Å: 'År' (*aur*, Year) and 'Åsna' (*AUS-nah*, Donkey).

Swedish words beginning with a short Å: 'Ålder' (*OLL-dehrr*, Age) and 'Åtta' (*OTT-ah*, Eight).

Ä

Long vowel sound: Just like with Å, the Swedish Ä doesn't have an exact English equivalent, but there are some similar English sounds. A long Ä closely resembles the EA sound in 'B*ea*r', or the AI in '*Ai*r'.

Short vowel sound: A short Ä can be likened to the A in 'C*a*rry', or the E sounds in 'B*e*t' and 'B*e*d', almost as if you are saying "eh".

Reciting the alphabet: Make a long Ä sound when reciting the alphabet.

Swedish words beginning with a long Ä: 'Äta' (*AI-tah*, Eat) and 'Ägare' (*AI-gah*, Owner).

Swedish words beginning with a short Ä: 'Äldre' (*ELL-dreh*, Older) and 'Ärr' (*err*, Scar).

Ö

Long vowel sound: Finally, we have Ö. A long Ö sound is similar to the U sound in English words like 'B<u>ur</u>n', or the EA in 'L<u>ea</u>rn'. Try saying "uh" or "er" with rounded lips, and you should be getting close to a long Ö! Another fun fact: just like the letters I and Å, Ö is also a word – it means 'island'.

Short vowel sound: A short Ö sounds more like a short English U, like the U in the words '<u>U</u>p' and '<u>U</u>gly'.

Reciting the alphabet: When reciting the alphabet, make a long Ö sound.

Swedish words beginning with a long Ö: 'Ögon' (*UUH-gonn*, Eyes) and 'Öl' (*uuhl*, Beer).

Swedish words beginning with a short Ö: 'Öster' (*UHSS-terr*, East) and 'Öppna' (*UHPP-nah*, To open).

Recap

- Swedish vowels can be hard or soft. Hard vowels: A, O, U, Å. Soft vowels: E, I, Y, Ä, Ö.
- All Swedish vowels can also be long or short. Only a stressed syllable can contain a long vowel – and it's usually only long if followed by no consonant or by a single consonant.
- When you are reciting the Swedish alphabet and get to a vowel, make the long vowel sound.
- When reciting consonants in the Swedish alphabet, remember that many of them are pronounced like one-syllable English words ending in R but without the actual R sound at the end, such as: B ('B<u>eer</u>'), C ('S<u>ear</u>'), D ('D<u>eer</u>' or 'D<u>ear</u>'), E ('<u>Ear</u>'), G ('G<u>ear</u>'), P ('P<u>eer</u>'), T ('T<u>ear</u>'), and V ('V<u>eer</u>')!

b) Letter Combinations

As we previously mentioned, certain Swedish letter clusters create particular sounds that differ from the sounds of the letters on their own. We shall now have a look at some of the more common letter combinations.

SK

Just as with the letters G and K, the pronunciation of SK also differs depending on whether the letter combination is followed by a hard or a soft vowel. Reminder: the hard vowels are A, O, U, Å, and the soft vowels are E, I, Y, Ä, Ö.

If followed by a hard vowel, SK makes a hard K sound. If followed by a soft vowel, it makes a sound similar to a whistle, almost like *HW* or *HU*! This is referred to as an "SJ"-noise in Swedish. It can be difficult for learners to perfect this sound, so don't get discouraged if you don't get it right away! Another helpful tip can be to say the letter K out loud and then release it into a sound similar to the wind. After you have achieved this sound, simply remove the K-part and only keep the wind-like sound – and you now have a good chance of pronouncing the SJ-noise! We also recommend listening to how native Swedes pronounce it via one of the many audio tools available. If you are not sure how to make this sound quite yet, you can replace it with an SH sound, like the one in 'Shop', for now. You'll still make yourself understood!

The exceptions to the rule about hard or soft vowels following SK are the words 'Människa' (*MENN-i-HWAH*, Human) and 'Marskalk' (*mahr-HWAHLL-k*, Marshal or Groomsman).

When followed by a hard vowel: 'Ska' (*skaa*, Shall) and 'Skola' (*SKOOH-lah*, School).

When followed by a soft vowel: 'Skämt' (*hwemmt*, Joke) and 'Skepp' (*hwepp*, Ship).

SJ, SKJ, STJ (AND TI AND SI)

These letter combinations are pronounced like the HW sound mentioned above (but just as with SK you could substitute it for an SH sound for now). This isn't an absolute rule, but it is common. The TI and SI combinations don't make a HW sound as often as the other ones.

Examples: 'Sju' (*hwoo*, Seven), 'Skjorta' (*hwor-tah*, Shirt), 'Stjärna' (*HWAIR-nah*, Star), 'Funktion' (*founnk-HWOOHN*, Function), and 'Illusion' (*ill-ou-HWOOHN*, Illusion).

CH

The CH is another letter combination that sounds like HW, but just like above, you can use the SH sound as a substitute for now. It's important to note that there is a very common exception to this rule: the word 'Och' (*ock*, And) should always be pronounced with a hard K sound.

Examples: 'Charmig' (*HWAHRR-migg*, Charming), and 'Chock' (*hwock*, Shock).

RS, SCH, TJ

All three of these combinations should be pronounced SH, as in 'Shop'.

Examples: 'Kors' (*kosh*, Cross), 'Dusch' (*doush*, Shower), and 'Tjugo' (*SHOO-goh*, Twenty).

DJ, GJ, HJ, LJ

All these letter combinations are pronounced like the Swedish J, which as you may remember is similar to the Y sound in 'Yellow'.

Examples: 'Djungel' (*YUNG-ehll*, Jungle), 'Gjorde' (*yoh-deh*, Did/Made), 'Hjälp' (*yellp*, Help), and 'Ljus' (*yoos*, Light).

c) **Stress and Tone**

Swedish pronunciation may seem scary at first, but it is actually easier than a lot of languages. You just have to get a hang of which letters to emphasize, if the vowels should be long or short, and what the correct tone is. Swedish has few consistent rules, which sometimes causes a bit of a problem. Often you simply have to know how to say a certain word, as it can't be deduced by comparing it to a standardized set of rules. The great thing is that this tends to come more naturally once you properly start your learning process.

So, let's talk a bit about Swedish stress and tone, which can also be described as emphasis. Swedish has both grave and acute accents. The stress is often on the first vowel in one- and two-syllable words, and in such cases the rest of the word tends to drop in emphasis. An example of this is the word 'Stava' (*STAA-vah*, Spell), where your voice should go up on the A, and then down again. The equivalent in English can be found in the word 'Sneaker'.

If a Swedish word has three or more syllables, your voice often goes up on the second syllable, and then down again, such as in 'Pannkaka' (*pahnn-KAA-kah*, Pancake) and 'Gräshoppa' (*grais-HOPP-ah*, Cricket).

We are sorry to say that these are just general tendencies and not strict rules, and that there are many cases where this kind of speaking rhythm does not apply, such as 'Fönsterbläck' (*fuhnn-stehr-BLECK*, Windowsill), where the accent is found on the last syllable. It's confusing, we know! But we believe in you – you can do this!

Emphasis can also depend on the origin or the context of the word in question. If the word is of French origin, emphasis tends to fall on the final syllable, which can be seen in words like 'Butik' (*bou-TEEK*, Store), 'Klinik' (*klinn-EEK*, Clinic), and 'Likör' (*lick-UUHR*, Liqueur). If a word begins with a prefix, the emphasis will be on the second syllable, and if the word ends in –era, the stress will be on that E, like in 'Promenera' (*proh-mehnn-EAR-ah*, Walk, Stroll).

One of the most helpful things you can do is to get used to how the Swedish language sounds by listening to it! Watch Swedish shows with subtitles, or listen to Swedish music – sometimes simply hearing a language often enough can do wonders.

II. An Introduction to Swedish Grammar

a) Nouns and Adjectives

Swedish does not have gender forms the way French and Spanish do, and words do not change depending on whether a subject is male or female. But, when it comes to articles, there are two types: 'En' and 'Ett' (similar to 'a' and 'an' in English), and there is no foolproof way of determining which words belong to which type – again, you simply have to learn it. Swedish nouns can be indefinite or definite, just like in English (indefinite: 'a book', definite: 'the book'). Swedish is similar, but instead you add an ending to a word to make it definite – there is no 'the'-equivalent! The ending will be either –et, –en, or –an, depending on the word.

Examples:

- 'en stol' ('a chair') → 'stolen' ('the chair')
- 'ett bord' ('a table') → 'bordet' ('the table')
- 'en skola' ('a school') → 'skolan' ('the school')
- 'ett barn' ('a child') → 'barnet' ('the child')

Notice how the words with 'en' *before* it also *ends* in – 'en'/–'an', and how the words with 'ett' in front of it ends in –'et'? You will be pleased to know that this is a rule for indefinite and definite Swedish nouns!

Swedish nouns and adjectives are both affected by declension, and words change depending on the person it refers to and how many of something there are. There are no different subject or object forms – a word will be the same no matter if it is the object or the subject of a sentence. To form a genitive, simply add an 's' to the end of the noun. Swedish does not use apostrophes to do this, like English does.

b) Verbs

You will probably be pleased to know that Swedish verbs are a lot simpler in construction than English ones! For example, Swedish generally only has one verbal form for the active indicative of every tense – it doesn't matter which person or number it is. You can see this in the conjugations of 'To be': 'jag är' ('I am'), 'han är' ('he is'), and 'de är' ('they are').

The five most important verb forms in Swedish are infinitive, present, past, supine, and the past participle.

Swedish has four conjugations, which are determined by their different supine endings: *–at, –t, –tt*, and *–it*. Below, we will go over each conjugation and their endings for the most common verb forms.

1st conjugation

Most Swedish verbs belong to the first conjugation group.

<u>Endings:</u> *–a* (infinitive), *–ar* (present tense), *–ade* (past), *–at* (supine), and *–ad* (past participle).

2nd conjugation

There are three types of 2nd conjugation verbs, which slightly differ from each other depending on how the verb roots end: in *–r*, in another voiced consonant (i.e. *–b, –d, –g, –j, –l, –m, –n,* or *–v*), or in a voiceless consonant (i.e. *–f, –h, –k, –p, –s,* or *–t*).

<u>Endings (root ending in *–r*):</u> *–a* (infinitive), *–r* (present tense), *–de* (past), *–t* (supine), and *–d* (past participle).

<u>Endings (root ending in another voiced consonant):</u> *–a* (infinitive), *–er* (present tense), *–de* (past), *–t* (supine), and *–d* (past participle).

<u>Endings (root ending in a voiceless consonant):</u> *–a* (infinitive), *–er* (present tense), *–te* (past), *–t* (supine), and *–t* (past participle).

3rd conjugation

There are very few 3rd conjugation verbs. These verbs are the only ones where the infinitive does not end in *–a*, but can end in several different vowels.

<u>Endings:</u> *–r* (present tense), *–dde* (past), *–tt* (supine), and *–dd* (past participle).

4th conjugation

For the past tense of the 4th conjugation verbs, they all have a vowel change taking place in the stem of the verb, and they are divided into four groups according to what type of vowel change occurs. Vowel changes in the stem can also occur for the supine and past participle.

<u>Endings:</u> *–a* (infinitive), *–r* or *–er* (present tense), *–it* (supine), and *–en* (past participle).

Below you will find a table with the four conjugations and the most common verb forms:

Verb forms:	1st conjugation:	2nd conjugation:	3rd conjugation:	4th conjugation:
Infinitive	att tal*a* (to speak)	–r: att hör*a* (to hear) Voiced cons.: att ställ*a* (to put) Voiceless cons.: att läs*a* (to read)	Att tr*o* (to believe)	Group 1: att spring*a* (to run) Group 2: att skriv*a* (to write) Group 3: att bjud*a* (to offer) Group 4: att bär*a* (to carry)
Present	tal*ar* (speaks)	hör (hear/s) ställ*er* (put/s) läs*er* (read/s)	tr*or* (believe/s)	spring*er* (run/s) skriv*er* (write/s) bjud*er* (offer/s) bär (carry/carries)
Past	tal*ade* (spoke)	hör*de* (heard) ställ*de* (put) läs*te* (read)	tro*dde* (believed)	spr*a*ng (ran) skr*e*v (wrote) bj*ö*d (offered) b*a*r (carried)
Supine	tal*at* (have/has/had spoken)	hör*t* (have/has/had heard) ställ*t* (have/has/had put) läs*t* (have/has/had read)	tro*tt* (have/has/had believed)	spr*ungit* (have/has/had run) skr*ivit* (have/has/had written) bj*udit* (have/has/had offered) b*urit* (have/has/had carried)
Past Participle	tal*ad* (spoken)	hör*d* (heard) ställ*d* (put) läs*t* (read)	tro*dd* (believed)	spr*ungen* (run) skr*iven* (written) bj*uden* (offered) b*uren* (carried)

Remember, these are just the most important verb forms – there is plenty more to learn about verbs, and the Swedish language in general – but it is time to get into the fun stuff and start coloring!

KÄNSLOR (EMOTIONS)

1) **glad** (happy)
   glaad

2) **ledsen** (sad)
   LEHSS-ehnn

3) **ivrig** (excited)
   EEV-rigg

4) **arg** (angry)
   AHRR-iy

5) **förvånad** (surprised)
   fuhrr-VAUN-ahdd

6) **bekymrad** (concerned)
   beh-SHUEM-rahdd

7) **rädd** (scared)
   redd

8) **nyfiken** (curious)
   nue-FEE-kehnn

9) **road** (amused)
   rooh-ahdd

10) **förvirrad** (confused)
    fuuhr-VIH-rahdd

11) **sjuk** (sick)
    hwook

12) **olydig** (naughty)
    ooh-LUE-digg

13) **seriös** (serious)
    SEH-ree-UUHS

14) **fokuserad** (focused)
    FOH-kouss-EAR-ahdd

15) **uttråkad** (bored)
    oot-TRAU-kahdd

16) **överväldigad** (overwhelmed)
    UUH-vehrr-VELL-digg-ahdd

17) **kär** (in love)
    shair

18) **generad** (ashamed)
    hwehnn-EAR-ahdd

19) **orolig** (anxious)
    ooh-ROOH-ligg

20) **äcklad** (disgusted)
    eck-LAHDD

21) **förolämpad** (offended)
    FUUHR-oh-LEMM-pahdd

22) **öm** (sore)
    uhmm

Du ser glad ut!
You look happy!

Jag är rädd för spöken.
I'm scared of ghosts.

Den här filmen gör mig uttråkad.
This movie is making me bored.

FAMILJEN (THE FAMILY)

1) **Morföräldrar /farföräldrar** (maternal/paternal grandparents)
   MOOHR-fuhrr-ELLD-rahr /FARR-fuhrr-ELLD-rahr

2) **mormor/farmor** (maternal/paternal grandmother)
   mohr-mohr/fahrr-mohr

3) **morfar/farfar** (maternal/paternal grandfather)
   mohr-fahrr/fahrr-fahrr

4) **morbror/farbror** (maternal/paternal uncle)
   mohr-brohr/fahrr-brohr

5) **mamma** (mother)
   MAHMM-ah

6) **pappa** (father)
   PAHPP-ah

7) **moster/faster** (maternal/paternal aunt)
   moh-stehrr/fah-stehrr

8) **kusin** (cousin)
   kou-SEEN

9) **bror** (brother)
   broohr

10) **mig** (me)
    mey

11) **man/fru** (husband/wife)
    mahnn/froo

12) **syster** (sister)
    SUESS-tehrr

13) **kusin** (cousin)
    kou-SEEN

14) **systerson/brorson** (sister's/brother's son - nephew)
    SUESS-tehrr-SAUN /broohr-sh-SAUN

15) **son** (son)
    saun

16) **dotter** (daughter)
    DOTT-ehrr

17) **systerdotter /brorsdotter** (sister's/brother's daughter - niece)
    SUESS-tehrr-DOTT-ehrr /broohr-sh-DOTT-ehrr

18) **dotterson/sonson** (daughter's/son's son - grandson)
    DOTT-ehrr-SAUN/SAUNsaun

19) **dotterdotter/sondotter** (daughter's/son's daughter - granddaughter)
    DOTT-ehrr-DOTT-ehrr/SAUN-DOTT-ehrr

20) **syssling** (second cousin)
    suess-LING

- **Svärfamilj (In-laws) – Släktingar (Relatives)**
  SVAIR-fah-MILL-iy – SLECK-ting-arr

21) **svärfar** (father-in-law)
    svair-faar

22) **svärmor** (mother-in-law)
    svair-moohr

23) **svåger** (brother-in-law)
    SVAU-gehrr

24) **svägerska** (sister-in-law)
    SVAI-gesh-KAH

25) **svärdotter** (daughter-in-law)
    svair-DOTT-err

26) **svärson** (son-in-law)
    svai-SHAUN

27) **svärmorbror /svärfarbror** (maternal/paternal uncle-in-law)
    svair-MOHR-brohr /svair-FAHRR-brohr

28) **svärmoster/svärfaster** (maternal/paternal aunt-in-law)
    svair-MOH-stehrr /svair-FAH-stehrr

Min kusin skriver böcker.
My cousin writes books.

Din svärfar är alltid så hjälpsam!
Your father-in-law is always so helpful!

Är din syster läkare?
Is your sister a doctor?

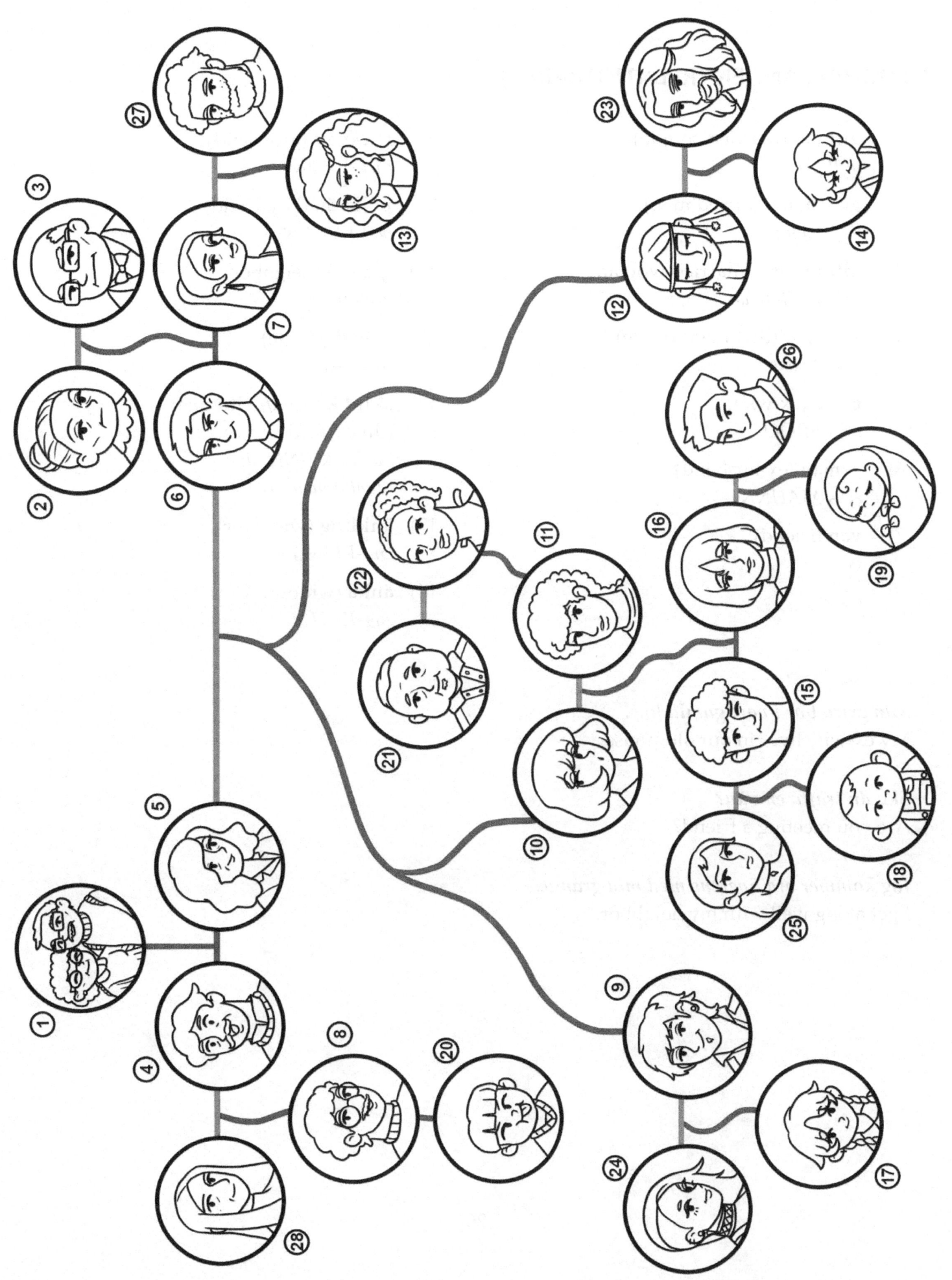

FÖRHÅLLANDEN (RELATIONSHIPS)

1) **gift par** (married couple)
   yifft paar

2) **gift man** (married man)
   yifft mahnn

3) **gift kvinna** (married woman)
   yifft KVINN-ah

4) **skilt par** (divorced couple)
   hwillt paar

5) **exfru** (ex-wife)
   ecks-FROO

6) **exman** (ex-husband)
   ecks-MAHNN

7) **vän** (friend)
   venn

8) **flickvän** (girlfriend)
   flick-VENN

9) **pojkvän** (boyfriend)
   poy-KVENN

10) **granne** (neighbor)
    grahnn-eh

11) **singel** (single)
    SING-ell

12) **skild kvinna/skild man** (divorcée/divorcé)
    hwilld KVINN-ah /hwilld mahnn

13) **änkling** (widower)
    eng-KLING

14) **änka** (widow)
    eng-KAH

Min exfru bor i vårt gamla hus.
My ex-wife lives in our old house.

Ska du träffa en vän?
Are you meeting a friend?

Jag kommer bra överens med min granne.
I get along well with my neighbor.

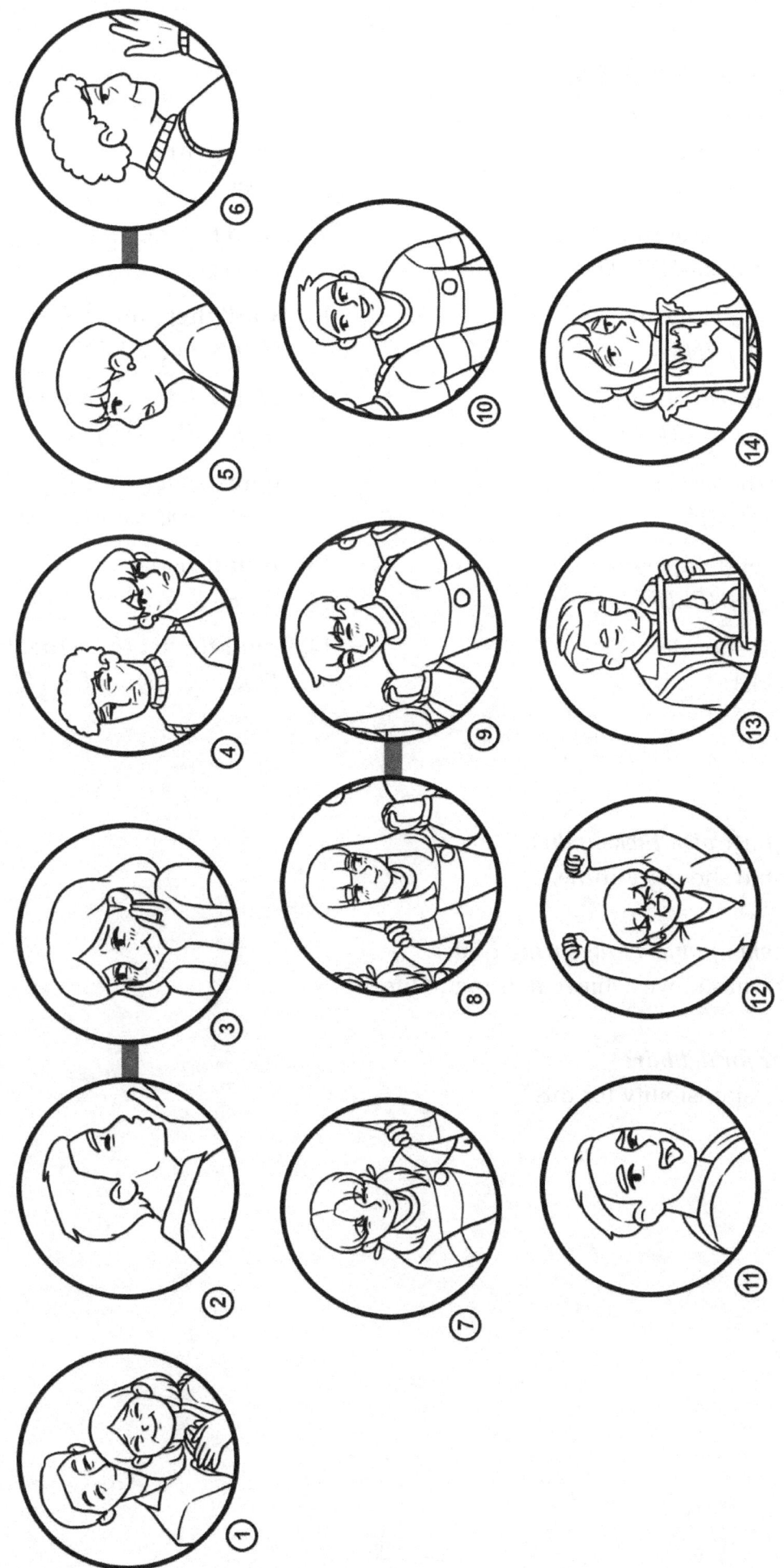

VÄRDERINGAR (VALUES)

1) **respekt** (respect)
   reh-SPECKT

2) **tacksamhet** (gratitude)
   TAHCK-sahmm-HEEHT

3) **tolerans** (tolerance)
   toh-leh-RAHNNS

4) **samarbete** (collaboration)
   SAH-mahrr-BEEH-teh

5) **ärlighet** (honesty)
   AIR-ligg-HEEH-T

6) **måttlighet** (temperance)
   MOTT-ligg-HEEH-T

7) **ansvar** (responsibility)
   ahnn-SVAAR

8) **tro** (faith)
   trooh

9) **mod** (courage)
   moohd

10) **vänlighet** (kindness)
    VAI-N-ligg-HEEH-T

11) **förbindelse** (commitment)
    fuuhr-BINN-dehll-seh

12) **entusiasm** (enthusiasm)
    AHNN-tou-see-AHSSM

13) **tillit** (trust)
    till-EET

14) **punktlighet** (punctuality)
    POUNKT-ligg-HEEH-T

Det är viktigt att visa tacksamhet.
It's important to show gratitude.

Utan entusiasm uppnår vi ingenting i livet.
Without enthusiasm, we achieve nothing in life.

Tar du ansvar för det här?
Do you take responsibility for this?

MÄNNISKOKROPPEN (THE HUMAN BODY)

1) **huvud** (head)
   HOOV-oudd

2) **hår** (hair)
   haur

3) **ansikte** (face)
   AHNN-sick-teh

4) **panna** (forehead)
   PAHNN-ah

5) **öra** (ear)
   UUH-rah

6) **öga** (eye)
   UUH-gah

7) **näsa** (nose)
   NAI-sah

8) **kind** (cheek)
   shinnd

9) **mun** (mouth)
   mounn

10) **haka** (chin)
    HAA-kah

11) **nacke** (back of the neck)
    /hals (front of the neck)
    NAHCK-eh/hahlls

12) **rygg** (back)
    ruegg

13) **bröst** (chest)
    bruhsst

14) **axel** (shoulder)
    AHCK-sell

15) **arm** (arm)
    ahrrm

16) **underarm** (forearm)
    OUNN-dehrr-AHRRM

17) **hand** (hand)
    hahnnd

18) **buk** (abdomen)
    book

19) **midja** (waist)
    meed-yah

20) **höft** (hip)
    huhfft

21) **ben** (leg)
    beehn

22) **lår** (thigh)
    laur

23) **knä** (knee)
    knai

24) **vad** (calf)
    vaad

25) **smalben** (shin)
    smaal-BEEHN

26) **fot** (foot)
    fooht

Mitt hår växer snabbt.
My hair grows quickly.

Min arm är solbränd.
My arm is sunburned.

Jag ser bättre med mitt högra öga än med mitt vänstra.
I see better with my right eye than with my left.

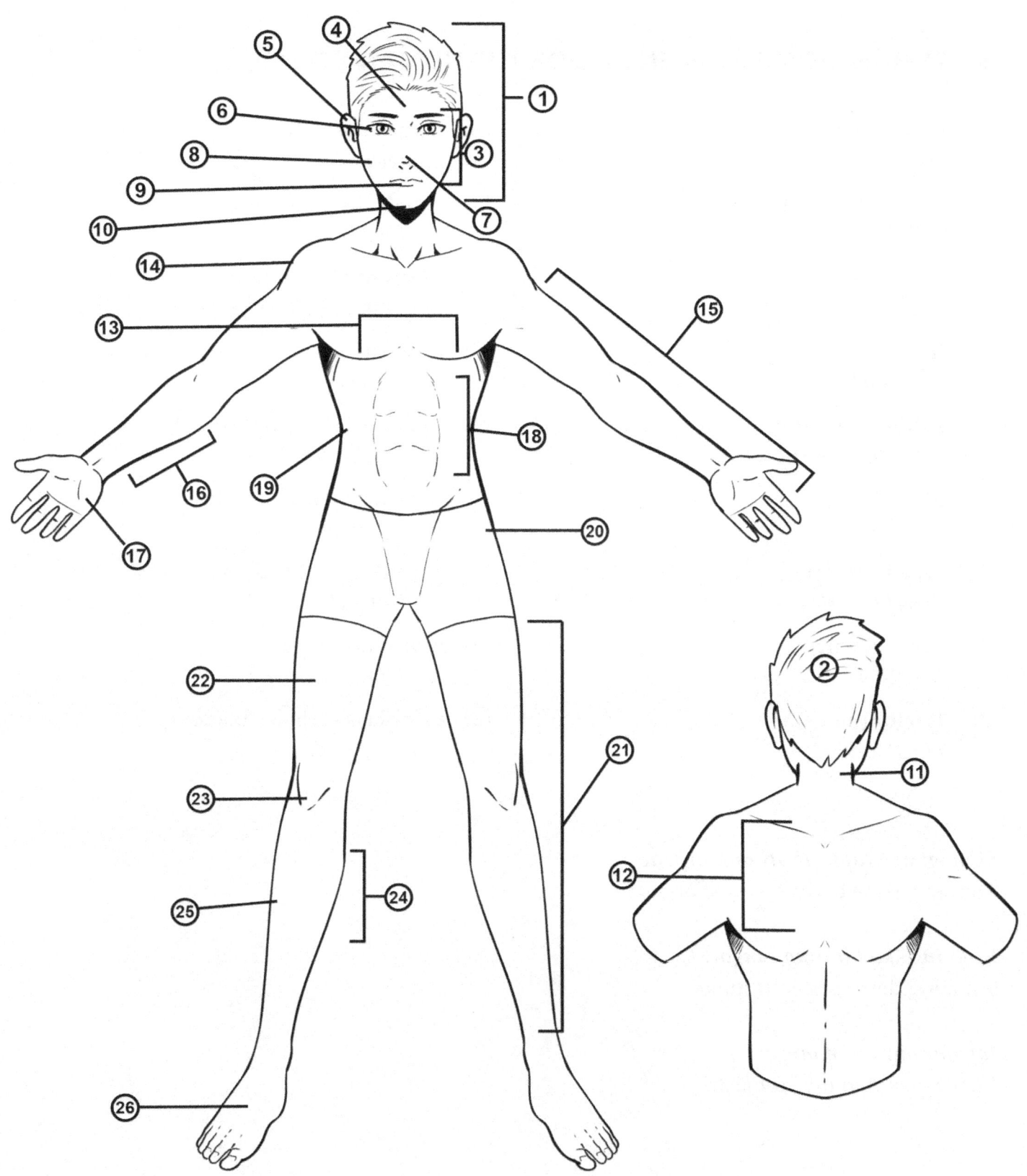

INUTI MÄNNISKOKROPPEN (INSIDE THE HUMAN BODY)

1) **skinn** (skin)
   hwinn

2) **muskler** (muscles)
   MOUSSK-lehrr

3) **ben** (bones)
   beehn

4) **hjärna** (brain)
   YAIR-nah

5) **sköldkörtel** (thyroid)
   hw-uhld-SHUHR-tell

6) **ådror** (veins)
   AUD-rohrr

7) **artärer** (arteries)
   ahrr-TAIR-ehrr

8) **hjärta** (heart)
   YAIR-tah

9) **lungor** (lungs)
   LOUNG-ohrr

10) **mage** (stomach)
    maa-geh

11) **matstrupe** (esophagus)
    maat-STREW-peh

12) **bukspottskörtel** (pancreas)
    BOOK-spotts-SHUHR-tell

13) **lever** (liver)
    LEEH-vehrr

14) **tunntarm** (small intestine)
    tounn-tahrrm

15) **tjocktarm** (large intestine)
    shock-tahrrm

16) **gallblåsa** (gallbladder)
    gahll-BLAU-sah

17) **njurar** (kidneys)
    NIYOO-rahrr

18) **urinblåsa** (urinary bladder)
    oo-reen-BLAU-sah

Skinnet är kroppens största organ.
The skin is the body's largest organ.

Rökning skadar dina lungor.
Smoking damages your lungs.

Jag har ont i min mage.
I have a pain in my stomach.

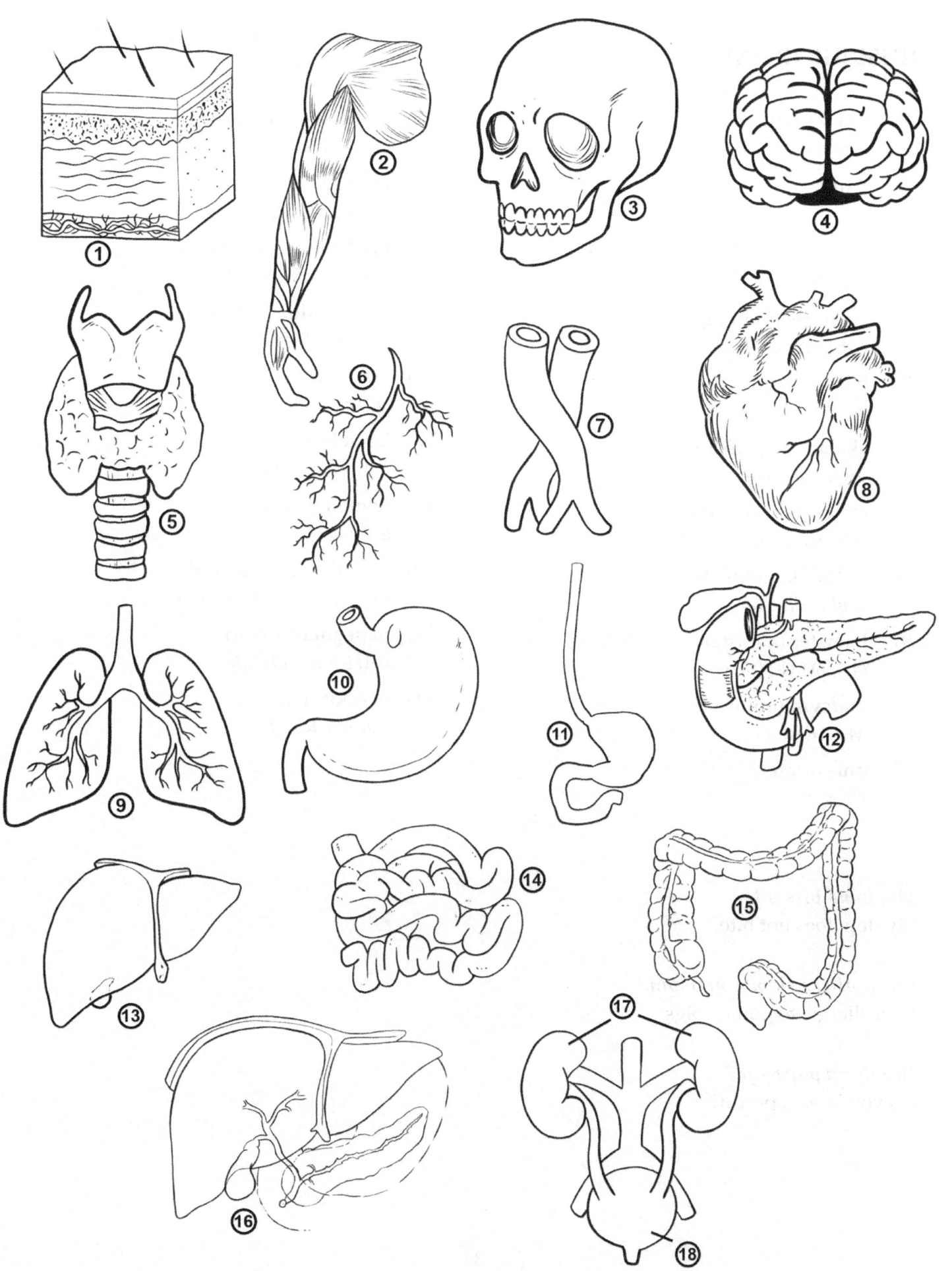

HUSDJUR (PETS)

1) **hund** (dog)
   hounnd

2) **katt** (cat)
   kahtt

3) **iller** (ferret)
   ILL-ehrr

4) **minigris** (mini pig/teacup pig)
   MEE-nih-GREES

5) **häst** (horse)
   hesst

6) **skalare** (angelfish)
   SKAA-lah-reh

7) **clownfisk** (clownfish)
   klown-FISSK

8) **guldfisk** (goldfish)
   goulld-FISSK

9) **hamster** (hamster)
   HAHMM-stehrr

10) **marsvin** (guinea pig)
    MAAR-sveen

11) **mus** (mouse)
    moos

12) **igelkott** (hedgehog)
    EEG-ell-KOTT

13) **fågelspindel**
    FAU-gell-SPINN-dell

14) **myrkoloni** (ant colony)
    MUER-koh-loh-NEE

15) **sköldpadda** (tortoise)
    hwuhld-PAH-dah

16) **orm** (snake)
    ohrrm

17) **kameleont** (chameleon)
    KAH-mell-YONT

18) **leguan** (iguana)
    leh-gou-AAN

19) **kanariefågel** (canary)
    kah-NAA-rih-eh-FAU-gell

20) **papegoja** (parrot)
    PAH-peh-GOY-ah

21) **parakit** (parakeet)
    pah-rah-KEET

Min hund bits inte.
My dog does not bite.

Jag är allergisk mot marsvin.
I am allergic to guinea pigs.

Har du en papegoja?
Do you have a parrot?

DJURPARKEN (THE ZOO)

1) **elefant** (elephant)
   eh-leh-FAHNNT

2) **noshörning** (rhino)
   NOOHS-huurh-ning

3) **giraff** (giraffe)
   hwi-RAHFF

4) **zebra** (zebra)
   SEEH-brah

5) **flodhäst** (hippopotamus)
   floohd-HESST

6) **gepard** (cheetah)
   hwe-PAARD

7) **tiger** (tiger)
   TEE-gehrr

8) **lejon** (lion)
   LEJ-onn

9) **schimpans** (chimpanzee)
   hwim-PAHNNS

10) **orangutang** (orangutan)
    OOH-rahng-gou-TAHNG

11) **babian** (baboon)
    bah-bih-AAN

12) **känguru** (kangaroo)
    SHENG-gou-ruh

13) **koala** (koala)
    kooh-AA-lah

14) **lemur** (lemur)
    leh-MOOR

Tigrar, geparder, och lejon är stora katter.
Tigers, cheetahs, and lions are big cats.

Schimpanser är apor.
Chimpanzees are apes.

Giraffer är långa djur.
Giraffes are tall animals.

FÅGLAR (BIRDS)

1) **struts** (ostrich)
   stroutts

2) **påfågel** (peacock)
   PAU-fau-gell

3) **kalkon** (turkey)
   kahll-KOOHN

4) **tupp** (rooster)
   toupp

5) **anka** (duck)
   ahnn-kah

6) **svan** (swan)
   svaan

7) **pelikan** (pelican)
   peh-lih-KAAN

8) **flamingo** (flamingo)
   flah-MING-goh

9) **duva** (pigeon)
   dou-vah

10) **uggla** (owl)
    ougg-lah

11) **gam** (vulture)
    gaam

12) **örn** (eagle)
    uuhrn

13) **fiskmås** (seagull)
    fissk-MAUS

14) **kråka** (crow)
    krau-kah

15) **tukan** (toucan)
    tou-kaan

16) **pingvin** (penguin)
    ping-VEEN

17) **hackspett** (woodpecker)
    hahck-SPETT

18) **ara** (macaw)
    aa-rah

19) **kolibri** (hummingbird)
    koh-lee-BREE

20) **kiwifågel** (kiwi)
    kee-vee-FAU-gell

Man kan inte gå genom stan utan att se en duva.
You can't walk through the city without seeing a pigeon.

Ljudet av en hackspett väcker mig varje morgon.
The sound of a woodpecker wakes me up every morning.

Kolibrin är min favoritfågel.
The hummingbrid is my favorite bird.

QUIZ #1

Use arrows to match the corresponding translations:

a. kråka   1. gratitude

b. smalben   2. neighbor

c. tacksamhet   3. heart

d. noshörning   4. mother-in-law

e. granne   5. rabbit

f. förvirrad   6. kidneys

g. kanin   7. trust

h. njurar   8. crow

i. svärmor   9. friend

j. vän   10. rhino

k. rygg   11. back

l. sköldpadda   12. cousin

m. tillit   13. shin

n. uttråkad   14. tortoise

o. hjärta   15. bored

p. kusin   16. confused

Fill in the blank spaces with the options below (use each word only once):

När Emma vaknade kände hon sig _____. Hon skulle få träffa sin _____ idag. Han var hennes favoritperson. Sen Emmas mormor dog hade han varit _____ och ensam, men Emma kände stor _____ över att han fortfarande hade _____ för livet. Han bodde på en liten gård och hade flera djur, men hans stora, lurviga _____ och hans lilla, rosa _____ var hans bästa vänner. Han hade också flera fåglar i en damm. En gång hade en bitit Emmas _____ när hon skulle mata den, men hon blev bara lite _____ och bröt som tur var inga _____. Emma var _____ på vad som skulle hända under det här besöket!

ben	hand
hund	änkling
öm	nyfiken
ivrig	morfar
minigris	anka
entusiasm	tacksamhet

41

REPTILER OCH AMFIBIER (REPTILES AND AMPHIBIANS)

- **Reptiler** (Reptiles)
  rep-TEEL-ehrr

1) **anakonda** (anaconda)
   ahnn-ah-KONN-dah

2) **kungskobra** (king cobra)
   koungs-KAU-brah

3) **skallerorm** (rattlesnake)
   SKAHLL-ehrr-OHRRM

4) **korallorm** (coral snake)
   koh-rahll-OHRRM

5) **paddleguan** (horned lizard)
   PAHDD- leh-goo-AAN

6) **kragagam** (frill-necked lizard)
   KRAHG-ah-GAAM

7) **basilisködla** (common basilisk/Jesus Christ lizard)
   bahss-ih-LISSK-UUHD-lah

8) **komodovaran** (Komodo dragon)
   koh-moh-doh-vah-RAAN

9) **krokodil** (crocodile)
   kroh-koh-DEEL

10) **gavial** (gharial/gavial)
    gah-vih-AAL

11) **havssköldpadda** (sea turtle)
    HAHVS-hwuhld-PAHDD-ah

- **Amfibier** (Amphibians)
  am-FEE-bih-ehrr

12) **salamander** (salamander)
    sahll-ah-MAHNN-dehrr

13) **goliatgroda** (Goliath frog)
    GOOH-lih-ahtt-GROOH-dah

Anakondan är en stor orm.
The anaconda is a big snake.

Krokodiler är farliga djur.
Crocodiles are dangerous animals.

Havssköldpaddor kan bli väldigt gamla.
Sea turtles can get very old.

INSEKTER OCH SPINDELDJUR (INSECTS AND ARACHNIDS)

- **Insekter** (Insects)
  inn-SECK-tehrr

1) **bi** (bee)
   bee

2) **humla** (bumblebee)
   houmm-LAH

3) **geting** (wasp)
   yeeh-TING

4) **skalbagge** (beetle)
   skaal-BAH-geh

5) **fjäril** (butterfly)
   f-YAIR-ill

6) **mal** (moth)
   maal

7) **trollslända** (dragonfly)
   trohll-SLENN-dah

8) **nyckelpiga** (ladybug)
   NUECK-ell-PEE-gah

9) **eldfluga** (firefly)
   elld-FLOO-gah

10) **kackerlacka** (cockroach)
    KAHCK-ehrr-LAHCK-ah

11) **broms** (horsefly)
    bromms

12) **fluga** (fly)
    FLOO-gah

13) **mygga** (mosquito)
    MUEGG-ah

14) **gräshoppa** (grasshopper)
    grai-s-HOPP-ah

15) **syrsa** (cricket)
    SUESH-ah

- **Spindeldjur** (Arachnids)
  SPINN-dell-YOU-R

16) **skorpion** (scorpion)
    skorr-pih-OOHN

17) **spindel** (spider)
    spinn-dell

18) **sydlig svart änka** (Southern black widow)
    SUED-ligg svahrt ENG-kah

De flesta tycker att fjärilar är finare än malar.
Most people think that butterflies are prettier than moths.

Myggor är små men kan ändå vara väldigt irriterade.
Mosquitos are small but can still be very annoying.

Jag är rädd för spindlar.
I'm afraid of spiders.

DÄGGDJUR I (MAMMALS I)

1) **fladdermus** (bat)
   FLAH-dehrr-MOOS

2) **näbbdjur** (platypus)
   nebb-YOU-R

3) **späckhuggare** (killer whale/orca)
   speck-HOUGG-ah-reh

4) **delfin** (dolphin)
   dell-FEEN

5) **bäver** (beaver)
   BAI-vehrr

6) **skogsmurmeldjur** (groundhog)
   SKOHGGS-mourr-mell-YOU-R

7) **mullvad** (mole)
   moull-VAAD

8) **ekorre** (squirrel)
   eh-KORR-eh

9) **vessla** (weasel)
   VESS-lah

10) **pungråtta** (possum/opossum)
    poung-ROTT-ah

11) **råtta** (rat)
    ROTT-ah

12) **hare** (hare)
    HAA-reh

13) **grävling** (badger)
    GRAIV-ling

14) **skunk** (skunk)
    skounnk

15) **leopard** (leopard)
    leeh-ooh-PAARD

När vi var på semester simmade vi med delfiner.
When we were on holiday we swam with dolphins.

Näbbdjuret är mitt favoritdjur.
My favorite animal is the platypus.

Min hund ser ut som en grävling; han är svart, grå, och vit.
My dog looks like a badger; he's black, gray, and white.

DÄGGDJUR II (MAMMALS II)

1) **björn** (bear)
   b-yuhrn

2) **hyena** (hyena)
   hue-EEH-nah

3) **schakal** (jackal)
   hwah-KAAL

4) **ko** (cow)
   kooh

5) **tjur** (bull)
   shoor

6) **räv** (fox)
   rai-v

7) **buffel** (buffalo)
   BOUFF-ell

8) **älg** (elk/moose)
   ell-iy

9) **får** (sheep)
   faur

10) **get** (goat)
    yeeht

11) **gasell** (gazelle)
    gah-SELL

12) **varg** (wolf)
    vahrr-iy

13) **apa** (monkey)
    aa-pah

14) **bagge** (ram)
    BAHGG-eh

15) **åsna** (donkey)
    AUS-nah

Min farfar har en ko på sin gård.
My grandfather has a cow on his farm.

Vi såg en varg i skogen.
We saw a wolf in the woods.

Åsnor och hästar liknar varandra.
Donkeys and horses look like each other.

FISKAR OCH MOLLUSKER (FISH AND MOLLUSKS)

- **Fiskar (Fish)**
  FISSK-ahrr

1) **valhaj** (whale shark)
   vaal-HAIY

2) **vithaj** (white shark)
   veet-HAIY

3) **hammarhaj** (hammerhead shark)
   HAHMM-ahrr-HAIY

4) **svärdfisk** (swordfish/marlin)
   svaird-FISSK

5) **barracuda** (barracuda)
   bahrr-ah-KOO-dah

6) **blåsfisk** (pufferfish)
   blaus-FISSK

7) **havskatt** (catfish)
   hahvs-KAHTT

8) **piraya** (piranha)
   pee-RAYI-ah

9) **flygfisk** (flying fish)
   flueg-FISSK

10) **muräna** (moray eel)
    moo-RAI-nah

11) **mantarocka** (manta ray)
    mahnn-tah-ROCK-ah

12) **sjöhäst** (seahorse)
    hwuuh-HESST

- **Mollusker (Mollusks)**
  moh-LOUSS-kehrr

13) **bläckfisk** (squid)
    bleck-FISSK

14) **bläckfisk** (cuttlefish)
    bleck-FISSK

15) **bläckfisk** (octopus)
    bleck-FISSK

16) **ostron** (oyster)
    ohss-TRONN

17) **mussla** (clam)
    MOUSS-lah

18) **nautilus** (nautilus)
    nao-tee-lous

19) **snäcka** (snail)
    sneck-ah

20) **snigel** (slug)
    SNEE-gell

Jag gillar ostron men inte musslor.
I like oysters but not clams.

Vithajar kan bli lika långa som tre personer sammanlagt.
White sharks can be as long as three people put together.

Sjöhästar är inte lika stora som vanliga hästar.
Sea horses are not as big as regular horses.

KLÄDER I (CLOTHING I)

1) **regnjacka** (raincoat)
   RENG-n-yahck-ah

2) **munkjacka** (hoodie)
   MOUNK-yack-ah

3) **jacka** (jacket)
   yack-ah

4) **jeans** (jeans)
   yeens

5) **boxershorts** (boxer shorts)
   BOCK-sehrr-HWAURTSH

6) **stövlar** (boots)
   stuhv-lahrr

7) **örhängen** (earrings)
   uuhr-HENG-enn

8) **tjocktröja** (sweater)
   shock-TRUH-yah

9) **halsband** (necklace)
   hahlls-bahnnd

10) **behå** (bra)
    beeh-HAU

11) **leggings** (leggings)
    legg-ings

12) **strumpor** (socks)
    stroum-POHRR

13) **blus/topp** (blouse/top)
    bloos/tohpp

14) **armband** (bracelet)
    ahrrm-BAHND

15) **shorts** (shorts)
    hwaurtsh

16) **trosor** (panties)
    TROOH-sohrr

17) **kappa** (coat)
    kahpp-AH

18) **klänning** (dress)
    klenn-ING

19) **handväska** (purse)
    hahnnd-VESS-kah

20) **sandaler** (sandals)
    sahnn-DAA-lehrr

Jag behöver köpa örhängen och armband som passar till den här klänningen.
I need to buy earrings and bracelets that go with this dress.

Har du fickor, eller behöver du en handväska?
Do you have pockets, or do you need a purse?

Det är för kallt för att gå ut i bara en tjocktröja, du behöver en kappa.
It's too cold to go out in only a sweater, you need a coat.

KLÄDER II (CLOTHING II)

1) **hatt** (hat)
   hahtt

2) **smoking** (tuxedo/smoking)
   SMOW-king

3) **fluga** (bow tie)
   floo-gah

4) **skor** (shoes)
   skoohr

5) **kostym** (suit)
   koss-TUEM

6) **skjorta** (shirt)
   hwohr-tah

7) **slips** (tie)
   slipps

8) **portfölj** (briefcase/case)
   pohrt-FUHLL-iy

9) **långärmad blus** (long-sleeved blouse)
   long-EHRR-mahd bloos

10) **sportbehå** (sports bra)
    sporrt-beeh-HAU

11) **byxor** (trousers/pants)
    buecks-ohrr

12) **bälte** (belt)
    bell-teh

13) **ring** (ring)
    rihng

14) **t-shirt** (T-shirt)
    tee-shuhrt

15) **kjol** (skirt)
    shoohl

16) **halsduk** (scarf)
    hahlls-DOOK

17) **klocka** (watch)
    klohck-ah

18) **cargobyxor** (cargo pants)
    kaar-goh-BUECK-sohrr

19) **plånbok** (wallet)
    plaun-boohk

20) **paraply** (umbrella)
    pah-rah-PLUE

Jag har sällan kostym på mig, och du kommer aldrig få se mig i smoking.
I rarely wear a suit, and you will never see me in a tuxedo.

Lägg växeln i min plånbok.
Put the change in my wallet.

Ta med ett paraply, jag tror det kommer regna.
Bring an umbrella, I think it's going to rain.

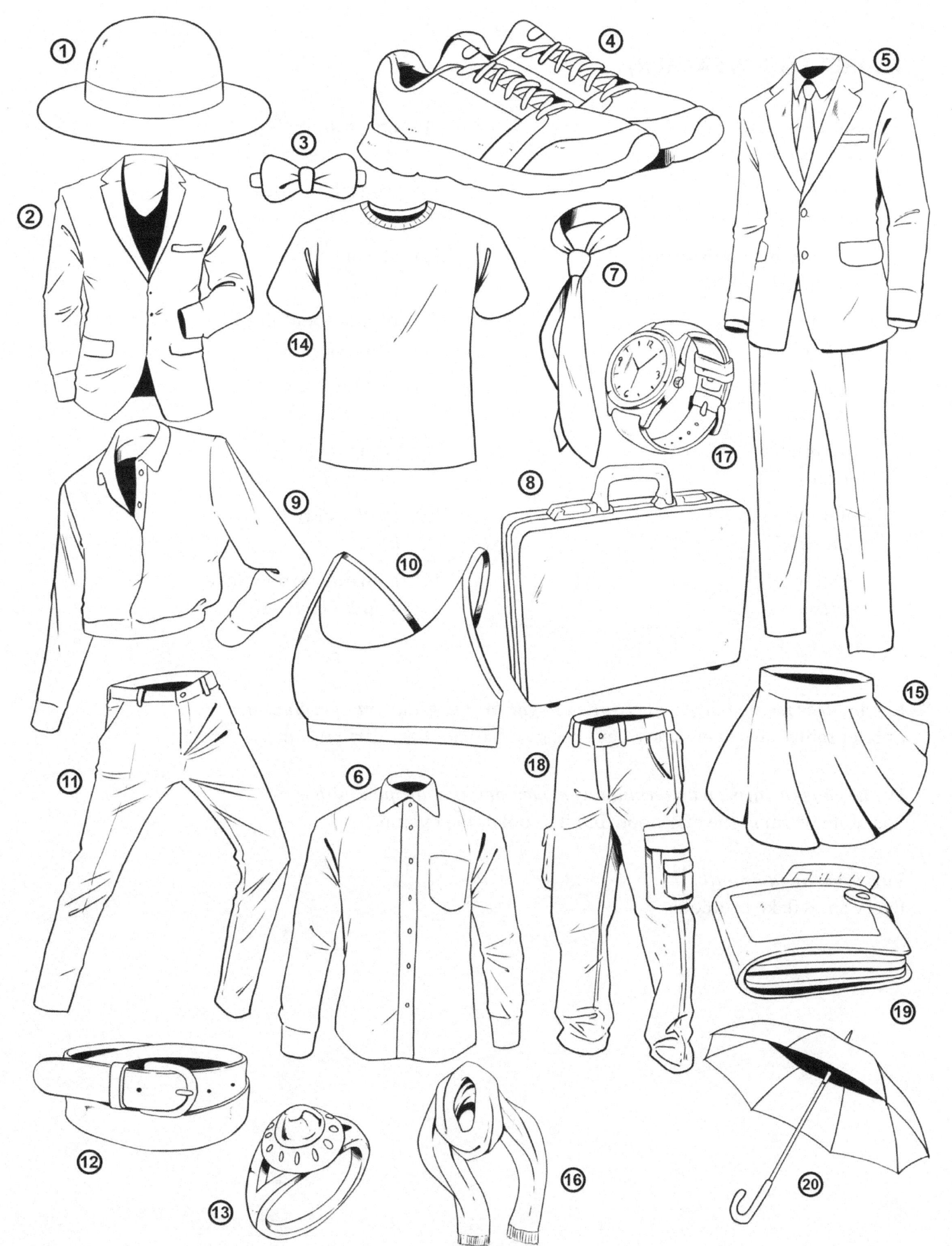

VÄDRET (THE WEATHER)

1) **soligt** (sunny)
   sooh-LITT

2) **hett** (hot)
   hett

3) **sandstorm** (sandstorm)
   sahnnd-STORRM

4) **molnigt** (cloudy)
   maul-NITT

5) **varmt** (warm)
   vahrrmt

6) **dimmigt** (foggy/misty)
   dimm-ITT

7) **regnigt** (rainy)
   reng-NITT

8) **svalt** (cool)
   svaalt

9) **regndroppe** (raindrop)
   rengn-DROHPP-eh

10) **fuktigt** (humid)
    fouck-TITT

11) **storm** (storm)
    storrm

12) **blixtar** (lightning)
    blicks-tahrr

13) **blåsigt** (windy)
    blaus-ITT

14) **snöigt** (snowy)
    snuuh-ITT

15) **kallt** (cold)
    kahllt

16) **snöflinga** (snowflake)
    snuuh-FLING-ah

Jag föredrar regniga dagar över soliga dagar för jag gillar inte varmt väder.
I prefer rainy days over sunny days because I do not like warm weather.

Det är ganska varmt på eftermiddagen, men det är svalt på kvällen.
It is quite warm in the afternoon, but it's cool in the evening.

Varje snöflinga är unik.
Every snowflake is unique.

ÅRSTIDERNA – VÅR (THE SEASONS – SPRING)

1) **trädgård** (garden)
   TREH-gaurd

2) **blomma** (blossom)
   blomm-ah

3) **picknick** (picnic)
   PICK-nick

4) **park** (park)
   pahrrk

5) **cykeltur** (bike ride)
   SUECK-ell-TOOR

6) **citronsaft** (lemonade)
   seh-TROOHN-sahft

7) **loppis** (garage sale)
   lohpp-ehs

8) **bilresa** (roadtrip)
   beel-REEHSA

9) **att måla stenar** (to paint rocks)
   ahtt MAUL-ah STEEH-nahrr

10) **att plantera några blommor** (to plant some flowers)
    ahtt plahn-TEEH-rah naug-rah BLOMM-ohrr

11) **att flyga drake** (to fly a kite)
    ahtt FLUE-gah DRAA-keh

12) **att gå på grillfest** (to attend a barbecue)
    ahtt gau pau grihll-FESST

Vi hade en loppis för att tjäna pengar till vår resa.
We had a garage sale to make money for our trip.

De hade picknick i parken och barnen flög drake.
They had a picnic in the park, and the kids flew a kite.

Vi planterade några blommor förra veckan.
We planted some flowers last week.

ÅRSTIDERNA – SOMMAR (THE SEASONS – SUMMER)

1) **att campa** (to go camping)
   ahtt kahmm-PAH

2) **vattenpark** (water park)
   VAHTT-enn-PAHRRK

3) **utomhusaktiviteter** (outdoor activities)
   OOT-omm-hoos-AHCK-tih-vih-TEEH-tehrr

4) **simbassäng/pool** (swimming pool)
   SIMM-bah-SENG/poohl

5) **att simma** (to swim)
   ahtt SIMM-ah

6) **att bli solbränd** (to get tanned)
   ahtt blee soohl-BRENND

7) **solskyddsmedel** (sunscreen)
   soohl-hwuedds-MEEH-dell

8) **insektsmedel** (insect repellent)
   inn-seckts-MEEH-dell

9) **sjö** (lake)
   hwuuh

10) **livvakt** (lifesaver/lifeguard)
    leev-VAHCKT

11) **sandslott** (sandcastle)
    sahnnd-SLOHTT

12) **att vandra** (to go on a hike)
    ahtt VAHNN-drah

Du bör använda solskyddsmedel även om du vill bli solbränd.
You should use sunscreen even if you want to get tanned.

De skulle vandra men glömde insektsmedlet, så de var tvungna att vända tillbaka.
They were gonna go on a hike but forgot the insect repellent, so they had to turn back.

Jag gillar att simma i poolen.
I like to swim in the pool.

QUIZ #2

Use arrows to match the corresponding translations:

a. älg

b. kostym

c. trädgård

d. blåsigt

e. havssköldpadda

f. fjäril

g. cykeltur

h. stövlar

i. mussla

j. sjö

k. tjur

l. mullvad

m. loppis

n. blåsfisk

o. kappa

p. ekorre

1. suit

2. butterfly

3. clam

4. boots

5. bull

6. garden

7. garage sale

8. pufferfish

9. windy

10. elk/moose

11. squirrel

12. sea turtle

13. lake

14. coat

15. mole

16. bike ride

Fill in the blank spaces with the options below (use each word only once):

När det börjar bli sommar och det är varmt och _____ ute, då brukar vår familj göra fler _____. Vi tycker till exempel om att åka till djurparken. Min bror tycker om att kolla på de farliga djuren, speciellt reptilerna, spindlarna, och stora rovdjur. Helst vill han se en _____ och höra deras läte. Han vill också se en nere vid dammen, och en _____ i akvariet. I terrariet vill han alltid hitta en så stor _____ som möjligt. Det finns också en grotta där man kan få se _____ hänga i taket, men jag tycker att det är för _____ där inne, speciellt om man har på sig sommarkläder som _____ eller en _____. Jag vill hellre hitta en _____ som ser ut som min nalle ute i parken. Djurparken har också en _____ som är fin, men den låter läskigt.

krokodil   fladdermöss

kallt   hammarhaj

spindel   soligt

björn   shorts

utomhusaktiviteter skallerorm

klänning   hyena

ÅRSTIDERNA – HÖST (THE SEASONS – FALL/AUTUMN)

1) **löv ändrar färg** (changing leaves)
   luuhv ENN-drahrr ferr-iy

2) **att räfsa löv** (to collect leaves)
   ahtt REFF-sah luuhv

3) **pumpa** (pumpkin)
   POUMM-pah

4) **att karva pumpor** (to carve pumpkins)
   ahtt KAHRR-vah POUMM-pohrr

5) **plocka äpplen** (apple picking)
   PLOHCK-ah EPP-lenn

6) **halloweendräkt** (Halloween costume)
   hah-loh-WEEN-dreckt

7) **halloweengodis** (Halloween candy)
   hah-loh-WEEN-GOOH-diss

8) **doftljus** (spiced candles)
   dohfft-YOUS

9) **thanksgivingmiddag** (Thanksgiving dinner)
   thanks-GIHV-ing-MIDD-ahg

10) **yllefilt** (wool blanket)
    UELL-eh-FIHLLT

11) **att grilla marshmallows** (to roast marshmallows)
    ahtt GRIHLL-ah mash-MEHLL-ows

12) **att pynta trädgården** (to decorate the yard)
    ahtt puenn-tah TREH-gaurd-enn

I Sverige brukar man inte fira Thanksgiving, men jag vill gärna äta thanksgivingmiddag med dig.
In Sweden we don't usually celebrate Thanksgiving, but I would like to have Thanksgiving dinner with you.

Emma gillar att plocka äpplen, men Lisa föredrar att äta halloweengodis.
Emma likes picking apples, but Lisa prefers eating Halloween candy.

Vi grillade marshmallows i två veckor.
We roasted marshmallows for two weeks.

ÅRSTIDERNA – VINTER (THE SEASONS – WINTER)

1) **varm choklad** (hot cocoa/hot chocolate)
   vahrrm hwoh-KLAAD

2) **släde** (sled)
   SLAI-deh

3) **vantar** (mittens)
   VAHN-tahrr

4) **dunjacka** (puffy jacket)
   doon-YAH-kah

5) **soppa** (soup)
   SOPP-ah

6) **pepparkakor** (gingerbread cookies)
   pepp-ahrr-KAA-kohrr

7) **frost på fönstret** (frosty window)
   frosst pau FUHN-strett

8) **tallkotte** (pinecone)
   tahll-KOTT-eh

9) **åka skridskor** (ice skating)
   au-kah SKRIH-skohrr

10) **skida** (ski)
    HWEE-dah

11) **isrink** (ice rink)
    EES-rihnk

12) **snöboll** (snowball)
    snuuh-BOHLL

Min fru gillar att åka skridskor, men jag föredrar att sitta inne i den varma stugan.
My wife likes ice skating, but I prefer to sit inside in the warm cabin.

På vintern vill jag äta pepparkakor och dricka varm choklad varje dag.
In the winter, I want to eat gingerbread cookies and drink hot chocolate every day.

Man behöver ha vantar på sig om man ska göra snöbollar.
You need to wear mittens if you're gonna make snowballs.

TID (TIME)

1) **tidszon** (time zone)
   teeds-SOOHN

2) **sekund** (second)
   seh-KOUND

3) **minut** (minute)
   mih-NOOT

4) **timme** (hour)
   TIMM-eh

5) **dag** (day)
   daag

6) **vecka** (week)
   VECK-ah

7) **två veckor** (fortnight)
   tvau VECK-ohrr

8) **månad** (month)
   MAU-nahd

9) **år** (year)
   aur

10) **gryning** (dawn)
    GRUE-ning

11) **morgon** (morning)
    MORR-onn

12) **mitt på dagen** (noon/midday)
    mitt pau DAAG-enn

13) **eftermiddag** (afternoon)
    eff-tehrr-MIDD-ahg

14) **skymning** (dusk)
    HWUEMM-ning

15) **natt** (night)
    nahtt

16) **midnatt** (midnight)
    meed-NAHTT

17) **datum** (date)
    daa-toum

18) **kalender** (calendar)
    kah-LENN-dehrr

Jag jobbar från skymning till gryning.
I work from dusk to dawn.

Det är viktigt att ta hänsyn till tidszoner när man jobbar på en internationell nivå.
It is important to consider time zones when working at an international level.

Min favorittid på dagen är morgonen för jag älskar frukost.
My favorite time of day is the morning because I love breakfast.

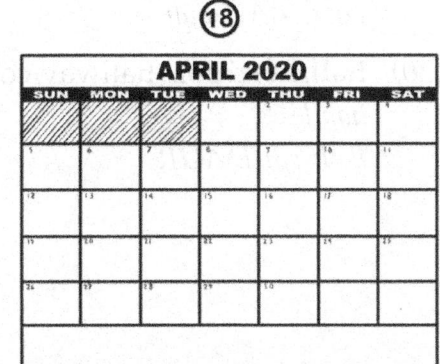

HUSET (THE HOUSE)

1) **vind** (attic)
   vinnd

2) **tak** (roof)
   taak

3) **tak** (ceiling)
   taak

4) **skorsten** (chimney)
   skosh-TEEHN

5) **vägg** (wall)
   vegg

6) **balkong** (balcony)
   bahll-KONG

7) **veranda** (porch)
   veh-RAHNN-dah

8) **fönster** (window)
   FUHNN-stehrr

9) **fönsterluckor** (shutters)
   FUHNN-stehrr-LOUCK-ohrr

10) **dörr** (door)
    duhrr

11) **trappor** (stairs)
    trahpp-ohrr

12) **räcke** (bannister)
    RECK-eh

13) **golv** (floor)
    gohllv

14) **källare** (basement)
    SHELL-ah-reh

15) **bakgård** (backyard)
    baak-GAURD

16) **garage** (garage)
    gah-RAA-hw

17) **uppfart** (driveway)
    oupp-FAART

18) **staket** (fence/picket fence)
    stah-KEEHT

19) **postlåda** (mailbox)
    posst-LAU-dah

20) **hall/korridor** (hallway/corridor)
    hahll
    /koh-rih-DAUR

Postlådorna är i hallen.
The mailboxes are in the hallway.

Deras drömhus har en källare, en stor bakgård, och en veranda.
Their dream house has a basement, a large backyard, and a porch.

Vid sidan av dörren finns det ett fönster med fönsterluckor.
To the side of the door, there is a window with shutters.

KÖKSFÖREMÅL (KITCHEN ITEMS)

1) **spis** (stove)
   spees

2) **mikrovågsugn** (microwave oven)
   mih-kroh-VAUGS-oong-n

3) **smörgåsgrill** (toaster oven)
   SMUHR-gaus-GRIHLL

4) **elektrisk mixer** (electric mixer)
   eh-LECK-trihsk MICKS-ehrr

5) **mixer** (blender)
   MICKS-ehrr

6) **brödrost** (toaster)
   bruuhd-rosst

7) **kaffekokare** (coffee maker)
   KAHFF-eh-KOHCK-ah-reh

8) **kylskåp** (fridge)
   shuel-SKAUP

9) **skafferi** (pantry)
   skahff-eh-REE

10) **skåp** (cupboard)
    skaup

11) **bakform** (cake pan)
    baak-FORRM

12) **stekpanna** (frying pan)
    steehk-PAHNN-ah

13) **kastrull/gryta** (pot)
    kah-STROULL
    /grue-tah

14) **kakform** (cookie cutters)
    kaak-FORRM-ahrr

15) **bunke** (mixing bowl)
    BOUNG-keh

16) **durkslag** (colander)
    dourk-SLAAG

17) **sil** (strainer)
    seel

18) **brödkavel** (rolling pin)
    bruuhd-KAA-vell

19) **grytlapp** (oven mitt)
    gruet-VAHNN-tehLAP

20) **förkläde** (apron)
    fuuhr-KLAI-deh

Jag har ingen mikrovågsugn; jag föredrar att laga mat på spisen.
I do not have a microwave; I prefer to cook on the stove.

En kaffekokare är lika nödvändig som ett kylskåp.
A coffee maker is as essential as a fridge.

Han köpte en bunke och kakformar för att baka med barnen.
He bought a mixing bowl and cookie cutters to bake with the kids.

SOVRUMSFÖREMÅL (BEDROOM ITEMS)

1) **säng** (bed)
   seng

2) **madrass** (mattress)
   mah-DRAHSS

3) **sängkläder** (bedding/bed linen)
   seng-KLAI-dehrr

4) **kudde** (pillow)
   KOUDD-eh

5) **lakan** (sheet)
   laa-kahnn

6) **filt** (blanket)
   fihllt

7) **överkast** (spread)
   UUH-vehrr-KAHSST

8) **örngott** (pillowcase)
   uuhrn-GOTT

9) **nattduksbord** (nightstand)
   NAHTT-dooks-BOOHRD

10) **väckarklocka** (table clock)
    veck-ahrr-KLOHCK-ah

11) **sänglampa** (table light)
    seng-LAHMM-pah

12) **garderob** (closet)
    gah-deh-RAUB

13) **gungstol** (rocking chair)
    goung-STOOHL

14) **lampa** (lamp)
    lahmm-PAH

15) **spegel** (mirror)
    speeh-gell

16) **byrå** (dresser)
    BUE-ro

17) **gardin** (curtain)
    gahr-DEEN

18) **vagga/spjälsäng** (cradle/crib)
    vahgg-ah /spyel-seng

19) **sängmobil** (crib mobile)
    seng-MOH-beel

20) **galge** (hanger)
    gall-yeh

Han byter sina sängkläder två gånger i veckan.
He changes his bedding twice a week.

Det finns en spegel över byrån.
There is a mirror above the dresser.

Han fryser mer än henne, så han har en extra filt under sängen.
He gets colder than her, so he keeps an extra blanket under the bed.

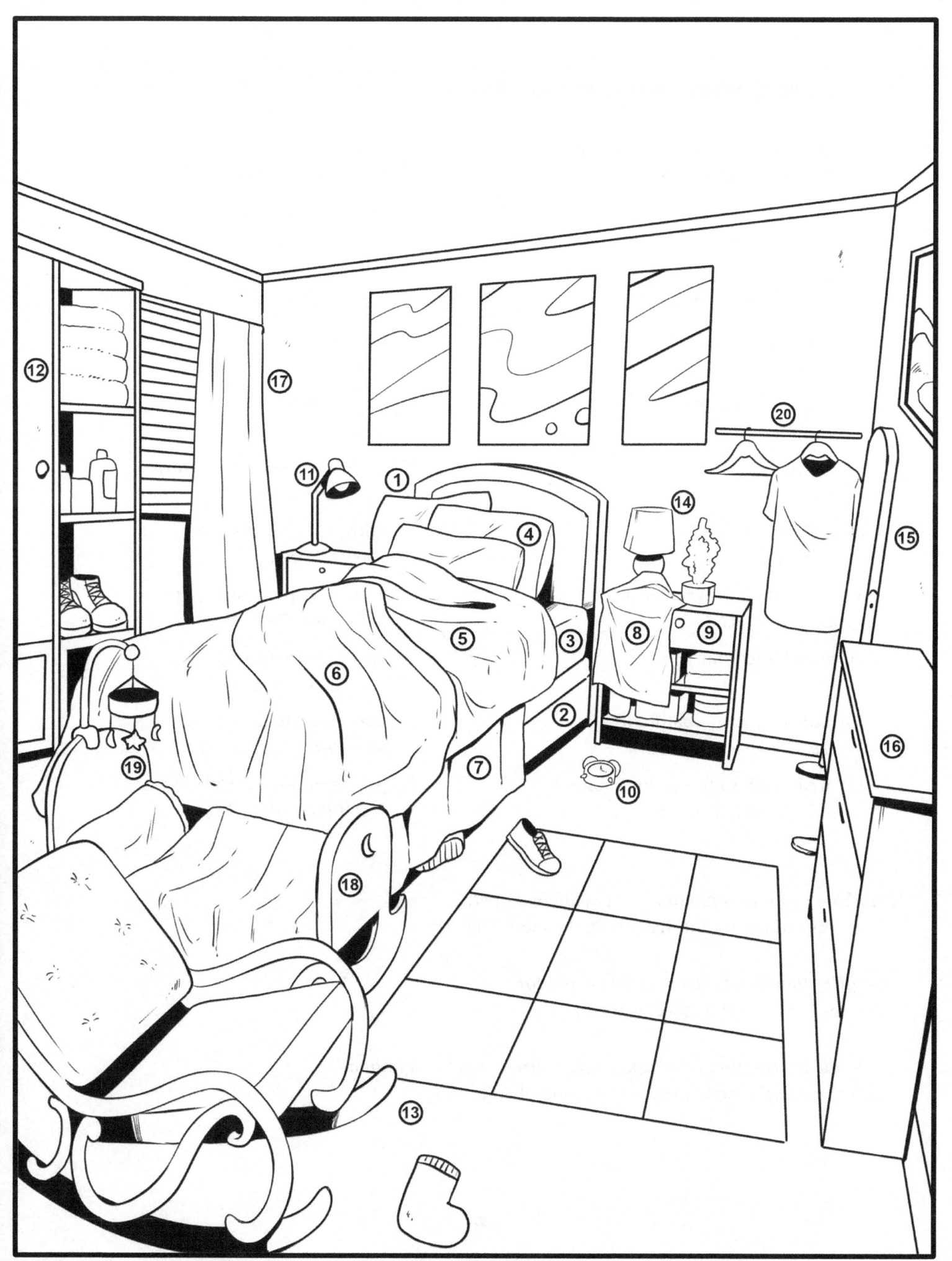

BADRUMSFÖREMÅL (BATHROOM ITEMS)

1) **duschdraperi** (shower curtain)
   DOUSH-drah-peh-REE

2) **handduk** (towel)
   hahnn-DOOK

3) **handdukshängare** (towel rack)
   hahnn-dooks-HENG-ah-reh

4) **handduk** (hand towel)
   hahnn-DOOK

5) **badkar** (bathtub)
   baad-KAAR

6) **dusch** (shower)
   doush

7) **toalett** (toilet/WC)
   tooh-ah-LETT

8) **handfat** (sink/washbasin)
   hahnnd-FAAT

9) **kran** (faucet/tap)
   kraan

10) **badrumsmatta** (bathmat)
    baad-roumms-MAH-tah

11) **medicinskåp** (medicine cabinet)
    meh-dih-SEEN-skaup

12) **tandkräm** (toothpaste)
    tahnnd-KRAIM

13) **tandborste** (toothbrush)
    tahnnd-BOSH-teh

14) **schampo** (shampoo)
    HWAHMM-poh

15) **kam** (comb)
    kahmm

16) **tvål** (soap)
    tvaul

17) **raklödder** (shaving foam)
    raak-LUH-dehrr

18) **rakhyvel** (razor/shaver)
    raak-HUE-vell

19) **toalettpapper** (toilet paper)
    tooh-ah-LETT-PAH-pehrr

20) **vaskrensare** (plunger)
    vahssk-RENN-sah-reh

21) **toalettborste** (toilet brush)
    tooh-ah-LETT-BOSH-teh

22) **papperskorg** (wastebasket)
    PAHPP-esh-KORR-iy

Min kam och min tandborste är i medicinskåpet.
My comb and my toothbrush are in the medicine cabinet.

Jag gillar handfatet, men kranen är för stor.
I like the sink, but the faucet is too big.

Du borde tvätta dina handdukar och badrumsmattor regelbundet.
You should wash your towels and bathmats regularly.

VARDAGSRUMSFÖREMÅL (LIVING ROOM ITEMS)

1) **möbler** (furniture)
   MUUH-blehrr

2) **stol/fåtölj** (chair)
   stoohl
   /foh-TUHLL-iy

3) **soffa** (sofa)
   SOFF-ah

4) **soffa** (couch)
   SOFF-ah

5) **kudde** (cushion)
   KOUDD-eh

6) **soffbord** (coffee table)
   soff-BOOHRD

7) **askfat** (ashtray)
   ahssk-FAAT

8) **vas** (vase)
   vaas

9) **dekorationer** (ornaments)
   deh-koh-rah-HWOOHN-ehrr

10) **bokhylla** (bookshelf/bookcase)
    boohk-HUELL-ah

11) **tidningshållare** (magazine holder)
    tee-nings-HOLL-ah-reh

12) **stereo** (stereo)
    STEEH-reeh-oh

13) **högtalare** (speakers)
    huuhg-TAAL-ah-reh

14) **eldstad** (fireplace)
    elld-STAAD

15) **ljuskrona** (chandelier)
    yous-KROOH-nah

16) **lampa** (lamp)
    lahmm-PAH

17) **glödlampa** (light bulb)
    gluuhd-LAHMM-pah

18) **väggklocka** (wall clock)
    vegg-KLOHCK-ah

19) **tavla** (painting)
    TAAV-lah

20) **teve/television** (TV/television)
    teeh-veeh
    /teh-leh-vee-HWOOHN

21) **fjärrkontroll** (remote control)
    FYERR-konn-TROLL

22) **spelkonsol** (video game console)
    speehl-konn-SOLL

Hon har väldigt lite möbler i sitt vardagsrum: bara en stol och en teve.
She has very little furniture in her living room: only a chair and a television.

Kan du köpa några glödlampor till ljuskronan och lamporna?
Could you buy some light bulbs for the chandelier and the lamps?

Hans hus är fullt med tavlor och dekorationer som han gjort själv.
His house is filled with paintings and ornaments he made himself.

MATSALSFÖREMÅL (DINING ROOM ITEMS)

1) **matbord** (dining table)
   maat-BOOHRD

2) **bordsduk** (tablecloth)
   boohrdsh-DOOK

3) **bordsprydnad** (centerpiece)
   boohrdsh-PRUED-nahd

4) **underlägg** (placemat)
   oun-dehrr-LEGG

5) **tallrik** (plate)
   tahll-rihck

6) **servett** (napkin)
   sehrr-VEHTT

7) **kniv** (knife)
   kneev

8) **gaffel** (fork)
   GAHFF-ell

9) **sked** (spoon)
   hweeh-d

10) **tillbringare** (pitcher/jar)
    tihll-BRING-ah-reh

11) **glas** (glass)
    glaas

12) **mugg/kopp** (mug/cup)
    mougg/kopp

13) **saltkar** (saltshaker)
    sahllt-KAAR

14) **pepparkar** (pepper shaker)
    pepp-ahrr-KAAR

15) **bricka** (tray)
    BRIHCK-ah

16) **dryck** (drink/beverage)
    drueck

17) **mat** (food)
    maat

18) **snacks** (snack)
    snahcks

Står det ett saltkar eller ett pepparkar på matbordet?
Is there a saltshaker or a pepper shaker on the dining table?

Kan du bära det här på en bricka?
Can you carry this on a tray?

Jag behöver en servett.
I need a napkin.

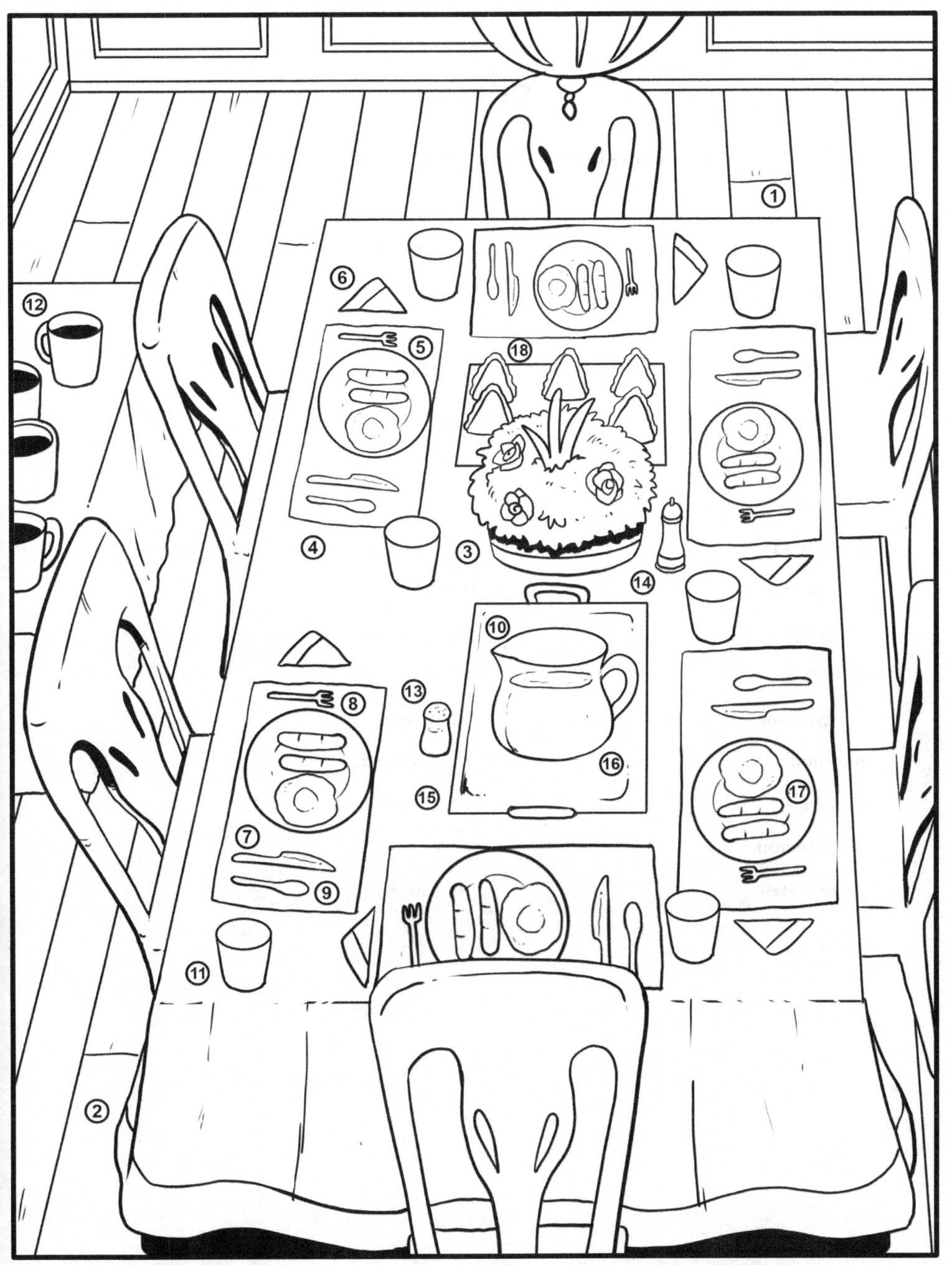

QUIZ #3

Use arrows to match the corresponding translations:

a. skymning   1. chimney

b. dunjacka   2. pine cone

c. säng   3. puffy jacket

d. timme   4. dusk

e. tandborste   5. hour

f. brödrost   6. attic

g. vind   7. spiced candles

h. tallkotte   8. painting

i. gryning   9. bed

j. doftljus   10. toaster

k. tallrik   11. plate

l. kylskåp   12. dawn

m. kudde   13. toothbrush

n. tavla   14. closet

o. garderob   15. cushion

p. skorsten   16. fridge

Fill in the blank spaces with the options below (use each word only once):

Min syster och jag har olika favoritårstider. Jag tycker mest om hösten och hon tycker mest om vintern. Vi bläddrar otåligt i vår _____ och blir glada varje gång vi får vända blad till en ny _____. Jag gillar hösten mest eftersom jag tycker om spökhistorier, fallande löv, _____och att äta _____. Min syster tycker om att _____ och att baka pepparkakor. Så fort det är december tar hon fram sina _____. Både min syster och jag tycker att det är mysigt att sitta inne i en _____ under en _____ och dricka _____ framför vår _____, och att ha fina _____ i hela huset. Allt det får vi njuta av under både hösten och vintern. Det är den bästa tiden på _____.

pumpor

filt

eldstad

kakformar

månad

varm choklad

åka skridskor

fåtölj

kalender

dekorationer

året

halloweengodis

TRÄDGÅRDEN/BAKGÅRDEN (THE GARDEN/THE BACKYARD)

1) **trädgårdsmästare** (gardener)
   treh-gaudsh-MESS-tah-reh

2) **skjul** (shed)
   hwool

3) **buske** (bush)
   BOUSS-keh

4) **gräsmatta** (lawn)
   grai-s-MAHTT-ah

5) **gräs** (grass)
   grai-s

6) **blomma** (flower)
   blohmm-ah

7) **vattenslang** (garden hose)
   vahtt-enn-SLAHNG

8) **vattenkanna** (watering can)
   vahtt-enn-KAHNN-ah

9) **blomkruka** (flowerpot)
   blohmm-KROO-kah

10) **trädgårdshandskar** (gardening gloves)
    treh-gaudsh-HAHNNS-kahrr

11) **skyffel** (shovel)
    hwueff-ell

12) **kratta/räfsa** (rake)
    KRAHTT-ah
    /REFF-sah

13) **trädgårdsgaffel** (gardening fork)
    treh-gaudsh-GAH-fell

14) **sekatör** (pruners/pruning shears)
    seh-kah-TUUHR

15) **planteringsspade** (garden trowel)
    plahnn-TEAR-ing-SPAA-deh

16) **kran** (tap)
    kraan

17) **skottkärra** (wheelbarrow)
    skott-SHERR-ah

18) **gräsklippare** (lawn mower)
    grai-s-KLIHPP-ah-reh

19) **lykta** (lantern)
    LUECK-tah

20) **klätterväxt** (vine)
    KLEH-tehrr-VECKST

Trädgårdsmästaren klippte gräset med en gräsklippare.
The gardener cut the grass with a lawn mower.

Hämta en kratta och en skottkärra från skjulet.
Get a rake and a wheelbarrow from the shed.

Använd en vattenslang till buskarna, men en vattenkanna till blommorna.
Use a garden hose for the bushes, but a watering can for the flowers.

TVÄTTSTUGAN (THE CLEANING ROOM)

1) **tvättmaskin** (washing machine)
   tvett-mah-HWEEN

2) **torktumlare** (dryer)
   torrk-TOUM-lah-reh

3) **strykjärn** (iron)
   struek-yairn

4) **strykbräda** (ironing board)
   struek-BRAI-dah

5) **tvättmedel** (laundry soap)
   tvett-MEEH-dell

6) **tvättmedel** (laundry detergent)
   tvett-MEEH-dell

7) **sköljmedel** (fabric softener)
   hwuhl-iy-MEEH-dell

8) **tvättkorg** (laundry basket)
   tvett-KORR-iy

9) **smutstvätt** (dirty clothes)
   smoutts-TVETT

10) **ren tvätt** (clean laundry)
    reehn tvett

11) **kvast** (broom)
    kvahsst

12) **sopskyffel** (dustpan)
    sohpp-HWUEFF-ell

13) **gummihandskar** (rubber gloves)
    gou-mih-HAHNN-skahrr

14) **svamp** (sponge)
    svahmmp

15) **plastbalja** (plastic tub)
    plahst-BAHLL-yah

16) **mopp** (mop)
    mopp

17) **hink** (bucket)
    hink

18) **disktrasor** (cleaning cloths)
    disk-TRAA-sohrr

19) **borste** (scrub brush)
    bosh-TEH

20) **blekmedel** (bleach)
    bleehk-MEEH-dell

21) **desinfektionsmedel** (disinfectant)
    DESS-inn-feck-hwoohns-MEEH-dell

22) **soptunna** (garbage can)
    sohpp-TOUNN-ah

Han köpte tvättmedel, sköljmedel, och en tvättkorg för att kunna tvätta sin smutstvätt.
He bought laundry detergent, fabric softener, and a laundry basket to be able to wash his dirty clothes.

En kvast, en sopskyffel, en mopp, och en hink är nödvändiga för att hålla ett hus rent.
A broom, a dustpan, a mop, and a bucket are necessary for keeping a house clean.

Måste jag använda blekmedel när jag tvättar mina vita kläder?
Do I have to use bleach when I wash my white clothes?

SKOLAN/UNIVERSITETET (THE SCHOOL/THE UNIVERSITY)

1) **lärare** (teacher)
   LAI-rah-reh

2) **elev/student** (student)
   eh-leehv/stou-dent

3) **klassrum** (classroom)
   klahss-roumm

4) **skåp** (locker)
   skaup

5) **anslagstavla** (bulletin board)
   ahnn-slaags-TAAV-lah

6) **pappersark** (sheet of paper)
   PAHPP-esh-ahrrk

7) **bok** (book)
   boohk

8) **anteckningsbok** (notebook)
   AHNN-teck-nings-BOOHK

9) **lim** (glue)
   lihmm

10) **sax** (scissors)
    sahcks

11) **blyertspenna** (pencil)
    blue-etsh-PENN-ah

12) **sudd** (eraser)
    soudd

13) **pennvässare** (pencil sharpener)
    penn-VESS-ah-reh

14) **bläckpenna** (pen)
    bleck-PENN-ah

15) **märkpenna** (marker)
    merrk-PENN-ah

16) **överstrykningspenna** (highlighter)
    UUH-vehrr-struek-nings-PENN-ah

17) **kuvert** (envelope)
    koo-VAIR

18) **skrivplatta** (clipboard)
    skreev-PLAH-tah

19) **svart tavla** (blackboard)
    svahrt TAAV-lah

20) **miniräknare** (calculator)
    mee-nee-RAIK-nahrr-eh

21) **linjal** (ruler)
    linn-YAHL

22) **häftapparat** (stapler)
    HEFFT-ah-pah-RAAT

23) **pennskrin** (pouch/pencil case)
    penn-SKREEN

24) **skolbänk** (school desk)
    skoohl-BENK

25) **bord** (table)
    boohrd

26) **bärbar dator/laptop** (laptop)
    bair-baar daa-tohrr/lahpp-topp

Läraren lät eleverna använda miniräknare och linjaler under provet.
The teacher let the students use calculators and rulers during the test.

Fler och fler studenter har bärbara datorer istället för anteckningsböcker.
More and more students have laptops instead of notebooks.

I min skola använder vi bord, inte bänkar.
In my school we use tables, not desks.

KONTORET (THE OFFICE)

1) **chef** (boss)
   hweehf

2) **överordnad** (superior)
   uuh-vehrr-AURD-nahd

3) **anställd** (employee)
   ahnn-STELLD

4) **VD** (CEO/president)
   veeh-deeh

5) **affärspartner** (business partner)
   ahff-esh-PART-nehrr

6) **kollega** (colleague)
   koll-eeh-GAH

7) **medarbetare** (co-worker)
   meehd-ahrr-BEEH-tah-reh

8) **sekreterare** (secretary)
   seck-reh-TEAR-ah-reh

9) **bås** (cubicle)
   baus

10) **snurrstol** (swivel chair)
    snourr-stoohl

11) **skrivbord** (desk)
    skreev-boohrd

12) **dator** (computer)
    daa-torr

13) **skrivare** (printer)
    SKREEV-ah-reh

14) **kontorsmaterial** (office supplies)
    konn-TOUSH-mah-triy-aal

15) **gummistämpel** (rubber stamp)
    goumm-ih-STEMM-pell

16) **tejphållare** (tape dispenser)
    teyp-HOLL-ah-reh

17) **mapp** (folder)
    mahpp

18) **dokumentskåp** (filing cabinet)
    dock-ou-MENNT-SKAUP

19) **fax** (fax)
    fahcks

20) **telefon** (telephone)
    teh-leh-FAUN

Jag har ett litet skrivbord och en snurrstol i mitt bås.
I have a small desk and a swivel chair in my cubicle.

Chefen sa åt mig att lägga mappen i dokumentskåpet.
The boss told me to put the folder in the filing cabinet.

Det är viktigt att kunna samarbeta väl med sina kollegor.
It's important to be able to collaborate well with one's colleagues.

ARBETEN/YRKEN (PROFESSIONS/OCCUPATIONS)

1) **ingenjör** (engineer)
   inn-hwenn-YUUHR

2) **astronaut** (astronaut)
   ahss-troh-NAOT

3) **pilot** (pilot)
   pih-LOOHT

4) **domare** (judge)
   DOH-mah-reh

5) **brandman** (firefighter)
   brahnnd-MAHNN

6) **polis** (police officer)
   poh-LEES

7) **kock** (chef)
   kock

8) **konduktör** (conductor)
   konn-douck-TUUHR

9) **professor** (professor)
   proh-FESS-ohrr

10) **dansare** (dancer)
    DAHNN-sah-reh

11) **affärsman** (businessman)
    ahff-ESH-MAHNN

12) **djurtränare** (animal trainer)
    you-r-TRAI-nah-reh

Jag var kock tills jag var 30, sen blev jag dansare.
I was a chef until I was 30, then I became a dancer.

De flesta barn vill bli brandmän, astronauter, eller poliser när de blir stora.
Most kids want to be firemen, astronauts, or police officers when they grow up.

Min syster är ingenjör, och hennes man är djurtränare.
My sister is an engineer, and her husband is an animal trainer.

TRANSPORTMEDEL (MEANS OF TRANSPORT)

1) **cykel** (bike/bicycle)
   SUECK-ell

2) **motorcykel** (motorcycle/motorbike)
   mooh-torr-SUECK-ell

3) **snöskoter** (snowmobile)
   snuuh-SKOOH-tehrr

4) **bil** (car/automobile)
   beel

5) **buss** (bus)
   bouss

6) **lastbil** (truck)
   lahsst-BEEL

7) **tunnelbana** (subway)
   tou-nell-BAA-nah

8) **tåg** (train)
   taug

9) **vattenskoter** (Jet Ski)
   vahtt-enn-SKOOH-tehrr

10) **båt** (boat)
    baut

11) **kryssningsfartyg** (cruise ship)
    KRUESS-nings-FAHR-teek

12) **ubåt** (submarine)
    ou-BAUT

13) **zeppelinare** (blimp/Zeppelin)
    sepp-eh-LEEN-ah-reh

14) **luftballong** (hot-air balloon)
    loufft-bah-LONG

15) **flygplan** (plane/airplane)
    flueg-PLAAN

16) **helikopter** (helicopter/chopper)
    heh-lih-KOPP-tehrr

17) **rymdfärja** (space shuttle)
    ruemd-FERR-yah

Jag tar bussen och tunnelbanan överallt eftersom jag inte har någon bil.
I take the bus and the subway everywhere because I do not have a car.

Jag reser med flygplan en gång om året.
I travel by airplane once a year.

Min kusin jobbar på en ubåt.
My cousin works on a submarine.

LANDSKAP (LANDSCAPES)

1) **berg** (mountain)
   behrr-iy

2) **tropisk regnskog** (tropical rainforest)
   trau-pissk rengn-SKOOHG

3) **öken** (desert)
   UUH-kehnn

4) **vulkan** (volcano)
   voull-KAAN

5) **klippa** (cliff)
   KLIHPP-ah

6) **strand** (beach)
   strahnnd

7) **skog** (forest)
   skoohg

8) **grotta** (cave)
   GROTT-ah

9) **gejser** (geyser)
   gey-sehrr

10) **vattenfall** (waterfall/falls)
    vahtt-enn-FAHLL

11) **flod** (river)
    floohd

12) **gamla ruiner** (ancient ruins)
    GAHMM-lah roo-EEN-ehrr

Jag har alltid föredragit skogen, men min pappa älskar öknen.
I have always preferred the forest, but my father loves the desert.

Vi ska åka till stranden för att simma i grottor.
We're going to the beach to swim in caves.

I min hemstad finns det många gamla ruiner.
In my hometown there are many ancient ruins.

SPORTER I (SPORTS I)

1) **bågskytte** (archery)
   baug-HWUETT-eh

2) **boxning** (boxing)
   BOHCKS-ning

3) **cykling** (cycling)
   SUECK-ling

4) **fäktning** (fencing)
   FECKT-ning

5) **fotboll** (football/soccer)
   fooht-BOLL

6) **rugby** (rugby)
   ROUGG-bue

7) **bordtennis/pingis** (table tennis/ping-pong)
   boohrd-TENN-iss/PING-iss

8) **volleyboll** (volleyball)
   VOLL-ue-boll

9) **tyngdlyftning** (weightlift)
   tuengd-LUEFFT-ning

10) **skridskoåkning** (skating)
    -SKRIH-skoh-AUK-ning

11) **paralympisk sport** (paralympic sports)
    pah-rah-LUEM-pissk sporrt

12) **baseboll** (baseball)
    base-boll

13) **basket** (basketball)
    BAA-skett-

Min pappa spelade baseboll, min mamma spelade rugby, och min syster spelade fotboll, men jag har aldrig gillat sport.
My father played baseball, my mother played rugby, and my sister played football, but I have never liked sports.

De spelar basket på soliga dagar och bordtennis när det regnar.
They play basketball on sunny days and table tennis when it rains.

Vi spelar volleyboll på stranden.
We play volleyball at the beach.

SPORTER II (SPORTS II)

1) **badminton** (badminton)
   bahdd-minn-tonn

2) **gymnastik** (gymnastics)
   yuem-nah-STEEK

3) **rodd** (rowing)
   rohdd

4) **klättring** (sport climbing)
   KLETT-rihng

5) **surfing** (surfing)
   SOURR-fing

6) **tennis** (tennis)
   TENN-iss

7) **studsmatta/trampolin** (trampoline)
   *stoutts-MAH-tah
   /trahm-poh-LEEN*

8) **brottning** (wrestling)
   BROTT-ning

9) **skidåkning** (skiing)
   hweed-AUK-ning

10) **skeleton** (skeleton)
    skeh-leh-tonn

11) **konståkning** (figure skating)
    konnst-AUK-ning

12) **simning** (swimming)
    SIMM-ning

13) **vattenpolo** (water polo)
    vahtt-enn-POOH-loh

14) **hockey** (hockey)
    HOCK-ue

Simning är en sport som passar de flesta.
Swimming is a sport that suits most people.

Han surfade och hon rodde.
He was surfing and she was rowing.

Jag tycker om att titta på konståkning.
I like watching figure skating.

JULDAGEN (CHRISTMAS DAY)

1) **mistel** (mistletoe)
   MISS-tell

2) **krans** (garland)
   krahnns

3) **julgran** (Christmas tree)
   yool-GRAAN

4) **julpynt** (Christmas decorations)
   yool-PUENT

5) **julklappar** (Christmas gifts/presents)
   yool-KLAH-pahrr

6) **julmiddag** (Christmas dinner)
   yool-MIDD-ahg

7) **polkagris** (candy cane)
   poll-kah-GREES

8) **pepparkaksgubbe** (gingerbread man)
   pepp-ahrr-kaaks-GOUBB-eh

9) **tomtenisse** (Christmas elf)
   tomm-teh-NISS-eh

10) **tomteluva** (Christmas hat)
    tomm-teh-LOUV-ah

11) **jultomte** (Santa Claus)
    yool-TOMM-teh

12) **tomtens släde** (Santa's sleigh)
    tomm-TENNS SLAI-deh

13) **julstjärna** (Christmas star)
    yool-HWAIR-nah

14) **snögubbe** (snowman)
    snuuh- GOUBB-eh

15) **ljus** (candles)
    yoos

I vårt hus tar vi fram vårt julpynt första december.
In our house, we get our Christmas decorations out on the first of December.

Min dotter åt för många polkagrisar och pepparkaksgubbar förra julen.
My daughter ate too many candy canes and gingerbread men last Christmas.

Hon sa åt barnen att ta på sig sina tomteluvor innan de gick ut för att göra en snögubbe.
She told the children to put on their Christmas hats before going out to make a snowman.

QUIZ #4

Use arrows to match the corresponding translations:

a. blomkruka   1. cave

b. berg   2. calculator

c. julpynt   3. flowerpot

d. ljus   4. teacher

e. domare   5. ruler

f. strykbräda   6. dirty clothes

g. linjal   7. candles

h. lärare   8. subway

i. konståkning   9. Christmas decorations

j. skrivbord   10. figure skating

k. grotta   11. mountain

l. bågskytte   12. desk

m. konduktör   13. judge

n. miniräknare   14. archery

o. tunnelbana   15. conductor

p. smutstvätt   16. ironing board

Fill in the blank spaces with the options below (use each word only once):

Sofia är _____ på ett universitet. Hon pluggar till _____ och bor mitt i stan. Sofia har ingen bil, så hon cyklar när hon behöver åka någonstans. På fritiden spelar hon i universitetsligan. I december skulle hennes lag ha avslutning och äta en god hemma hos en av hennes lagkamrater. Sofia tog fram sin _____ och rullade iväg med en väska full av presenter på ryggen. När hon svängde runt ett hörn kom plötsligt en stor i hög fart, så oväntat att Sofia körde av vägen, in i en _____, och föll av cykeln. Som tur var klarade både hon och alla _____ sig oskadda. Bara hennes _____ blev riktigt smutsig. När Sofia kom fram till festen fick hon tvätta luvan i sin väns _____. Med lite extra starkt _____ blev den som ny igen, och hon slapp slänga den i !

soptunnan	student
tvättmedel	julmiddag
cykel	tomteluva
lastbil	tvättmaskin
buske	julklappar
ingenjör	badminton

MUSIKINSTRUMENT (MUSICAL INSTRUMENTS)

1) **akustisk gitarr** (acoustic guitar)
   ah-KOUSS-tissk yih-TAHRR

2) **elgitarr** (electric guitar)
   eehl-yih-TAHRR

3) **bas** (bass guitar)
   baas

4) **trummor** (drums)
   troumm-ohrr

5) **piano** (piano)
   pee-AA-noh

6) **trumpet** (trumpet)
   troumm-PEEHT

7) **munspel** (harmonica)
   mounn-SPEEHL

8) **flöjt** (flute)
   fluhyt

9) **klarinett** (clarinet)
   klah-rih-NETT

10) **harpa** (harp)
    hahrr-pah

11) **säckpipa** (bagpipes)
    seck-PEE-pah

12) **cello** (cello)
    SELL-oh

13) **fiol** (violin)
    fee-yoohl

14) **saxofon** (saxophone)
    sacks-oh-FAUN

När vi var yngre spelade både jag och min bästa vän gitarr.
When we were younger, my best friend and I both played the guitar.

Min pappa spelar trummor.
My dad plays drums.

Jag vill lära mig spela cello, så jag köpte en.
I want to learn how to play the cello, so I bought one.

FRUKTER (FRUITS)

1) **jordgubbe** (strawberry)
   yoohrd-GOUBB-eh

2) **papaya** (papaya)
   pah-PAY-ah

3) **plommon** (plum)
   ploh-mohnn

4) **melon** (melon)
   meh-LOOHN

5) **vattenmelon** (watermelon)
   VAHTT-enn-meh-LOOHN

6) **banan** (banana)
   bah-NAAN

7) **mango** (mango)
   MAHNG-goh

8) **persika** (peach)
   PESH-ih-kah

9) **hallon** (raspberry)
   HAHLL-onn

10) **apelsin** (orange)
    ah-pell-SEEN

11) **citron** (lemon)
    sih-TROOHN

12) **ananas** (pineapple)
    ahn-nah-nahss

13) **lime** (lime)
    laym

14) **vindruvor** (grapes)
    veen-DROO-vohrr

15) **körsbär** (cherry)
    shush-bair

16) **äpple** (apple)
    epp-leh

17) **päron** (pear)
    pair-onn

18) **grapefrukt** (grapefruit)
    GRAPE-froukt

19) **taggannona** (soursop)
    tah-gahn-NAU-nah

20) **kokosnöt** (coconut)
    koh-kohss-NUUHT

Min pojkvän föredrar hallon framför jordgubbar.
My boyfriend prefers raspberries to strawberries.

Hon älskar citron och lime men hatar grapefrukt.
She loves lemon and lime but hates grapefruit.

Jag gjorde körsbärspajer och persikopajer.
I made cherry pies and peach pies.

GRÖNSAKER (VEGETABLES)

1) **blomkål** (cauliflower)
   blohmm-KAUL

2) **sparris** (asparagus)
   SPAHRR-iss

3) **broccoli** (broccoli)
   BROCK-oh-lih

4) **kål** (cabbage)
   kaul

5) **kronärtskocka** (artichoke)
   kroohn-etsh-KOCK-ah

6) **brysselkål** (Brussels sprouts)
   bruess-ell-KAUL

7) **majs** (corn)
   mahys

8) **sallad** (lettuce)
   sahll-ahdd

9) **spenat** (spinach)
   speh-NAAT

10) **tomat** (tomato)
    toh-MAAT

11) **gurka** (cucumber)
    gourr-kah

12) **zucchini** (zucchini)
    souck-EEN-ih

13) **svamp** (mushroom)
    svahmmp

14) **rucola** (arugula)
    rouck-oh-lah

15) **aubergine** (eggplant)
    au-behrr-jinn

16) **paprika** (bell pepper)
    PAA-prick-ah

17) **lök** (onion)
    luuhk

18) **pumpa** (pumpkin)
    POUMM-pah

19) **potatis** (potato)
    poh-TAA-tiss

20) **mangold** (Swiss chard)
    MAHNN-goulld

Brysselkål, blomkål, broccoli, och kål liknar varandra.
Brussels sprouts, cauliflower, broccoli, and cabbage are similar.

Jag använder lök i min matlagning varje dag.
I use onion in my cooking every day.

Min fru tycker inte om pumpa, men hon gillar pumpakärnor.
My wife doesn't like pumpkin, but she likes pumpkin seeds.

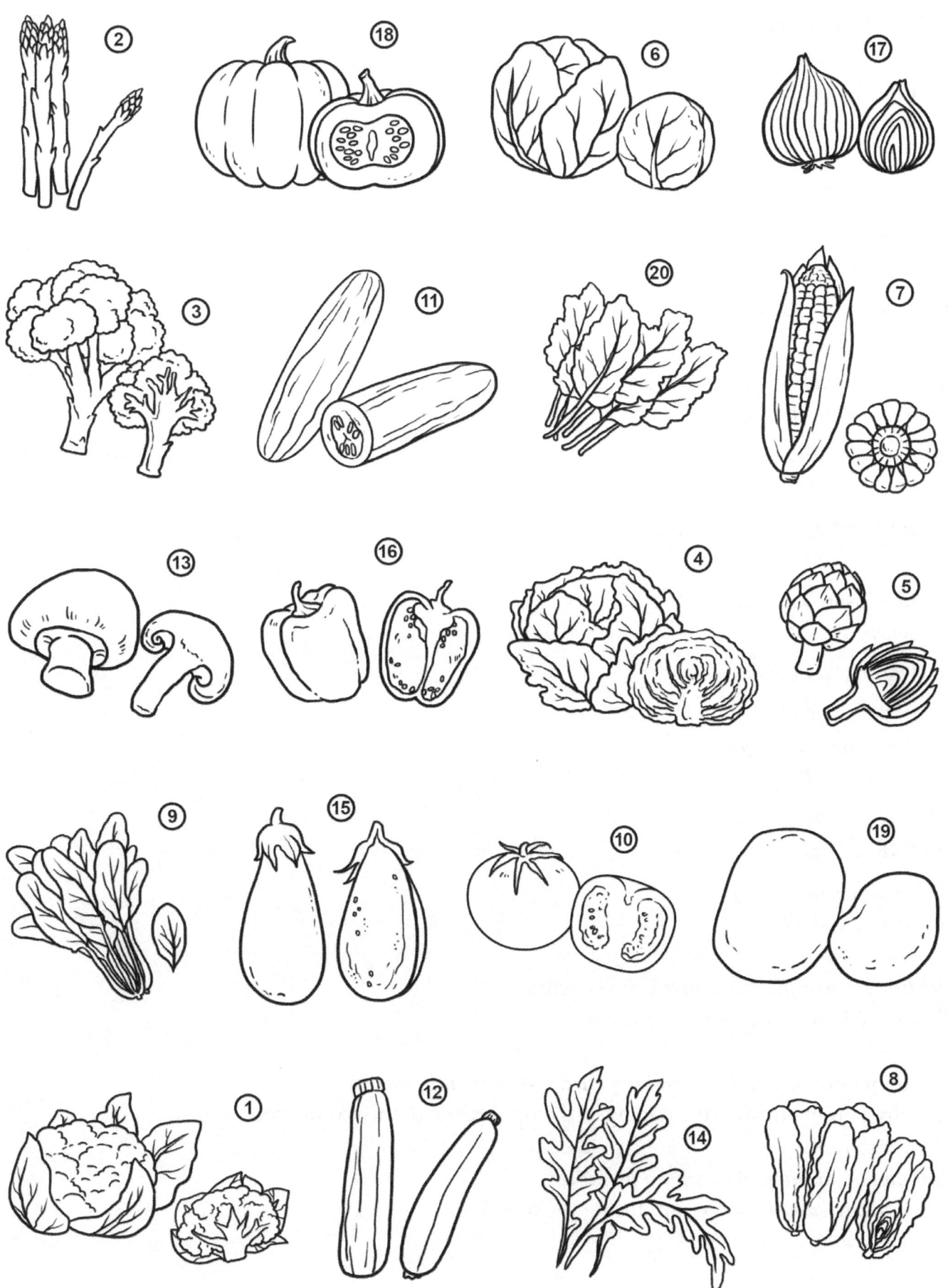

TEKNIK (TECHNOLOGY)

1) **mobil** (mobile)
   moh-BEEL

2) **apparat** (device)
   ahpp-ah-RAAT

3) **dator** (computer)
   daa-tohrr

4) **webbkamera** (web cam)
   vebb-KAA-mehrr-ah

5) **USB/minnessticka** (flash drive)
   oo-ess-beeh/minn-ess-STICK-ah

6) **hårddisk** (hard drive)
   haurd-DISSK

7) **minneskort** (memory card)
   minn-ess-KOHRT

8) **kortläsare** (card reader)
   kohrt-LAI-s-ah-reh

9) **trådlös** (wireless)
   traud-LUUHS

10) **solpanel** (solar panel)
    soohl-pah-NEEHL

11) **skrivare** (printer)
    SKREEV-ah-reh

12) **scanner** (scanner)
    SKAHNN-ehrr

Det här är en trådlös scanner och skrivare.
This is a wireless scanner and printer.

Viruset på minnesstickan skadade hårddisken på min dator.
The virus on the flash drive damaged the hard drive on my computer.

Kan du slå på din webbkamera på mötet?
Can you turn on yor web cam during the meeting?

VETENSKAP (SCIENCE)

1) **laboratorium** (laboratory)
   lahbb-rah-TOOHR-ee-oum

2) **forskare** (researcher)
   FOSH-kah-reh

3) **uträkningar** (calculations)
   oot-RAIK-ning-ahrr

4) **vetenskapsman** (scientist)
   veeh-tenn-skaaps-MAHNN

5) **labbrock** (lab coat)
   lahbb-rock

6) **experiment** (experiment)
   ecks-prih-mennt

7) **personlig skyddsutrustning** (personal protective equipment)
   pesh-OOHN-ligg hwuedds-oot-ROUST-ning

8) **test** (test)
   tesst

9) **pris** (prize)
   prees

10) **risk** (risk)
    rihssk

11) **instrument** (instrument)
    inn-strou-MENNT

12) **statistik** (statistics)
    stah-tih-STEEK

Vetenskapsmannen använder personlig skyddsutrustning för att minska riskerna under testet.
The scientist uses personal protective equipment to reduce the risks during the test.

Forskaren gör sina uträkningar i laboratoriet.
The researcher does her calculations in the laboratory.

Han har sina instrument i sin labbrock.
He keeps his instruments in his lab coat.

ASTRONOMI (ASTRONOMY)

1) **teleskop** (telescope)
   teh-leh-SKAUP

2) **sol** (sun)
   soohl

3) **måne** (moon)
   MAU-neh

4) **galax** (galaxy)
   gah-LAHCKS

5) **asteroidbälte** (asteroid belt)
   ahss-troh-eed-BELL-teh

6) **svart hål** (black hole)
   svahrt haul

7) **solförmörkelse** (eclipse)
   SOOHL-fuhr-MUHRR-kell-seh

8) **stjärnfall** (shooting star)
   hwairn-FAHLL

9) **rymdstation** (space station)
   ruemd-stah-HWOOHN

10) **vit dvärg** (white dwarf)
    veet dverr-iy

11) **röd jätte** (red giant)
    ruuhd YETT-eh

12) **omloppsbana** (orbit)
    omm-lopps-BAA-nah

13) **konstellation** (constellation)
    konn-steh-lah-HWOOHN

14) **mörk energi** (dark energy)
    muhrrk enn-ehrr-HWEE

15) **Pluto** (Pluto)
    ploo-toh

16) **nebulosa** (Nebula)
    neh-boo-loh-sah

17) **Merkurius** (Mercury)
    mehrr-KOO-rih-ouss

18) **Venus** (Venus)
    VEEH-nouss

19) **Jorden** (Earth)
    YOOHR-denn

20) **Mars** (Mars)
    mahsh

21) **Jupiter** (Jupiter)
    YOO-pih-tehrr

22) **Saturnus** (Saturn)
    sah-TOU-r-nouss

23) **Uranus** (Uranus)
    oo-RAAN-ouss

24) **Neptunus** (Neptune)
    nepp-TOO-nouss

Rymdstationens omloppsbana runt jorden tar nittio minuter.
The space station's orbit around the Earth takes ninety minutes.

Vi såg stjärnfall medan vi tittade på konstellationerna genom vårt teleskop.
We saw shooting stars while looking at the constellations through our telescope.

När jag var barn så var Pluto fortfarande en planet.
When I was a child, Pluto was still a planet.

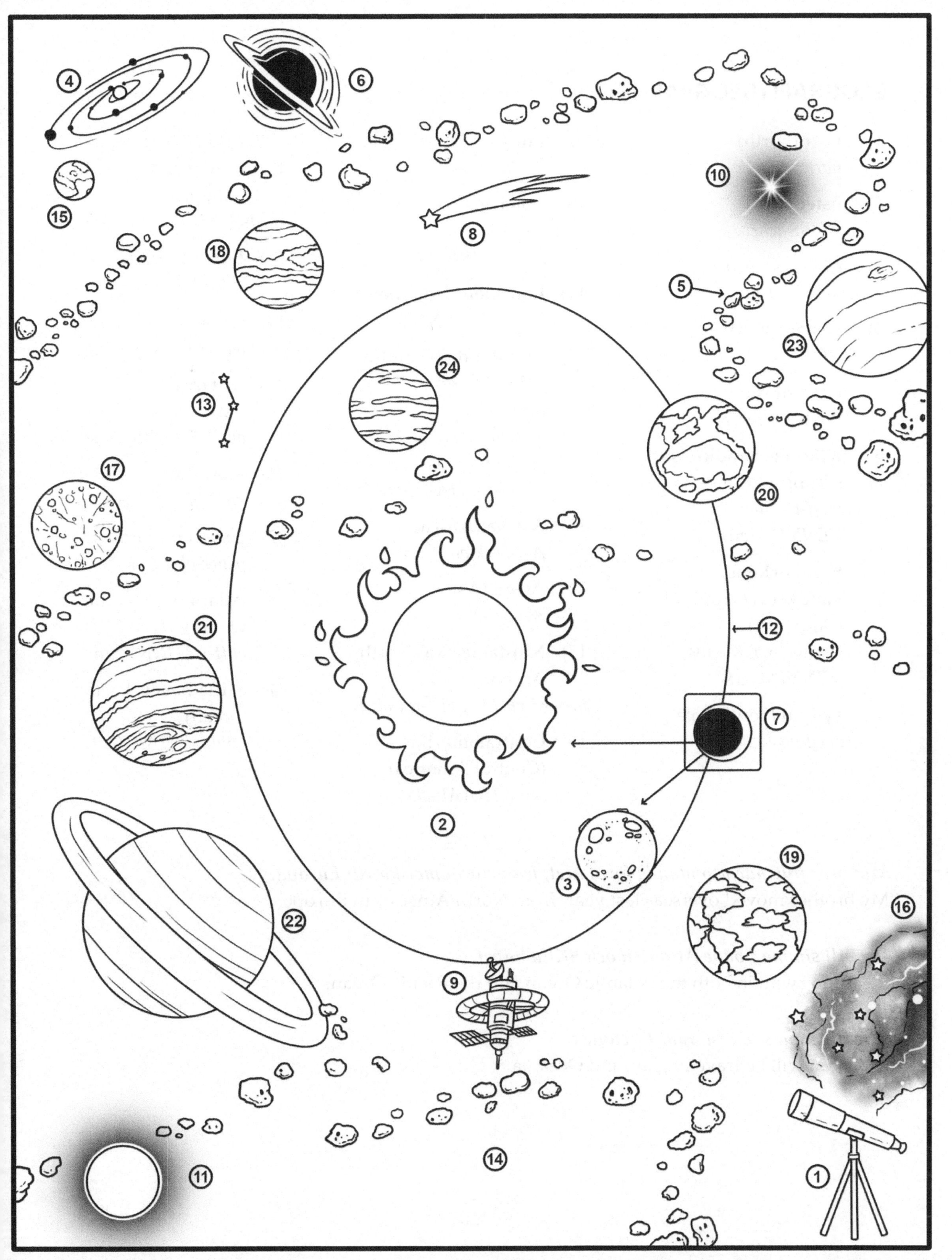

GEOGRAFI (GEOGRAPHY)

1) **norr** (north)
   norr

2) **öster** (east)
   UHSS-tehrr

3) **söder** (south)
   SUUH-dehrr

4) **väster** (west)
   VESS- tehrr

5) **ekvator** (Equator)
   eck-VAA-tohrr

6) **Kräftans vändkrets** (Tropic of Cancer)
   kreff-tahnns VENND-kretts

7) **Stenbockens vändkrets** (Tropic of Capricorn)
   steehn-BOCK-enns VENND-kretts

8) **sydpol** (South Pole)
   sued-pool

9) **nordpol** (North Pole)
   noohrd-pool

10) **polcirkel** (Arctic Circle)
    pool-SIHRR-kell

11) **kontinent** (continent)
    konn-tih-NENNT

12) **utomlands/på andra sidan havet** (overseas)
    oo-tom-LAHNNDS /pau ahnn-drah see-dahnn HAAV-ett

13) **Afrika** (Africa)
    AA-frick-ah

14) **Asien** (Asia)
    AA-see-enn

15) **Nordamerika** (North America)
    noohrd-ah-MEEHR-ick-ah

16) **Centralamerika** (Central America)
    senn-TRAAL-ah-

MEEHR-ick-ah

17) **Sydamerika** (South America)
    sued-ah-MEEHR--ick-ah

18) **Europa** (Europe)
    eh-ROOH-pah

19) **Oceanien** (Oceania)
    oh-seeh-AA-nee-enn

20) **Antarktis** (Antarctica)
    ahnn-TAHRRK-tiss

21) **meridian** (meridian)
    meh-rih-dih-AAN

22) **parallell** (parallel)
    pahrr-ah-LELL

23) **Atlanten** (Atlantic Ocean)
    ahtt-LAHNN-tenn

24) **Stilla havet** (Pacific Ocean)
    stihll-ah HAAV-ett

Min bror flyttade utomlands förra året, från Nordamerika till Europa.
My brother moved overseas last year, from North America to Europe.

Jag vill simma i både Atlanten och Stilla havet.
I want to swim in both the Atlantic Ocean and the Pacific Ocean.

Min mamma ska resa runt Oceanien.
My mom will be travelling around Oceania.

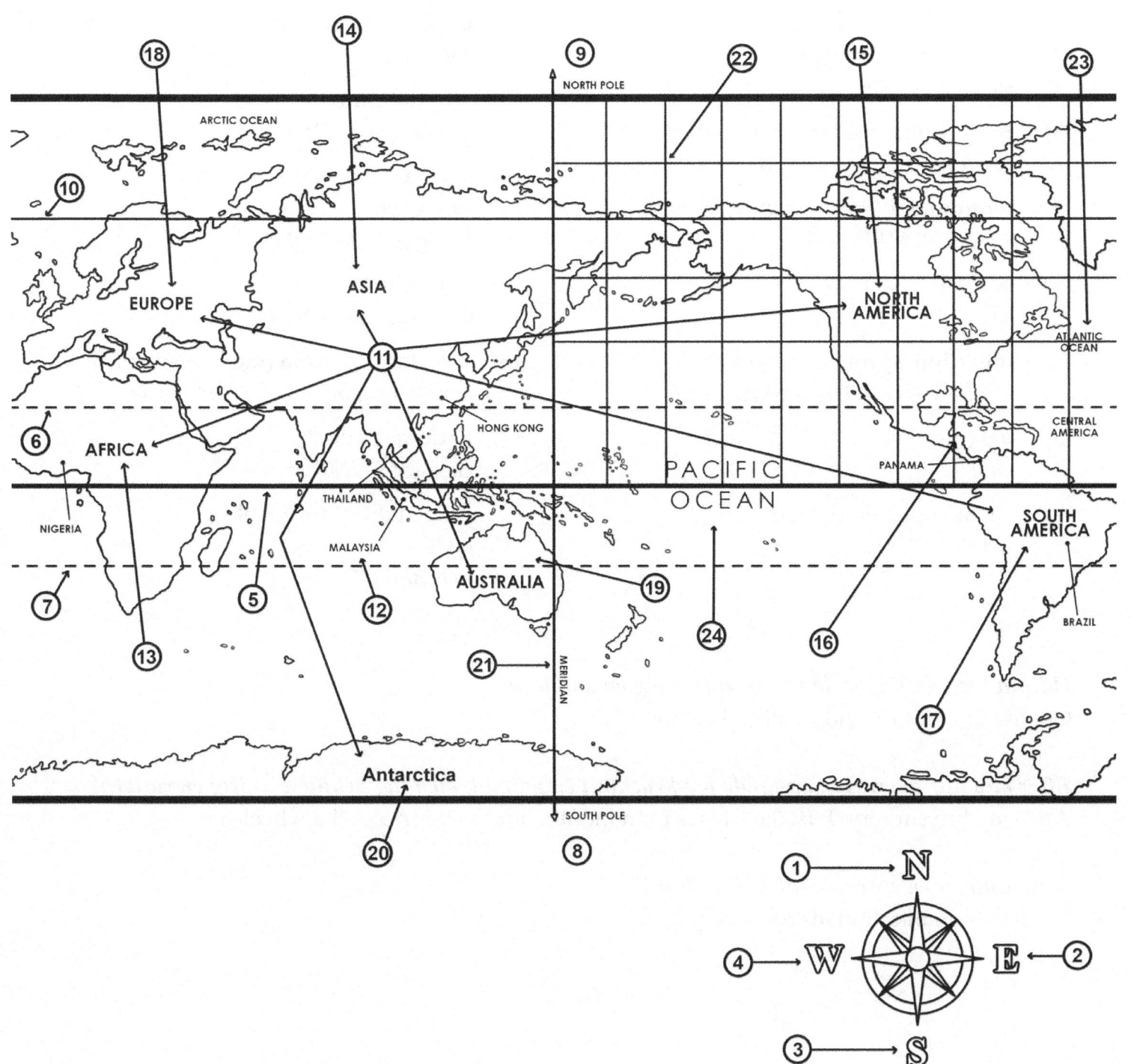

SJUKHUSET (THE HOSPITAL)

1) **doktor/läkare** (doctor/medic)
   DOCK-tohrr /LAI-kahrr-eh

2) **sjuksköterska** (nurse)
   hwook-HWUH-tesh-kah

3) **ambulans** (ambulance)
   ahmm-bou-LAHNNS

4) **första hjälpen-låda** (first-aid kit)
   fuhsh-tah YELL-penn-LAU-dah

5) **termometer** (thermometer)
   tehrr-moh-MEEH-tehrr

6) **bår** (stretcher)
   baur

7) **injektionsspruta** (syringe)
   inn-yeck-HWOOHNS-SPROO-tah

8) **nål** (needle)
   naul

9) **stetoskop** (stethoscope)
   steh-toh-SKAUP

10) **kryckor** (crutches)
    krueck-ohrr

11) **rullstol** (wheelchair)
    roull-STOOHL

12) **observationsrum** (observation room)
    ohbb-sehrr-vah-HWOOHNS-roumm

13) **sjukhussäng** (hospital bed)
    hwook-hoos-SENG

14) **spruta/injektion** (injection)
    sproo-tah /inn-yeck-HWOOHN

15) **operation** (surgery)
    OPP-ehrr-ah-HWOOHN

16) **sjukdomshistoria** (medical history)
    hwook-dohmms-hiss-TOOH-ree-ah

17) **patient** (patient)
    pahss-ee-ENNT

18) **piller/tablett** (pill/tablet)
    pihll-ehrr /tah-BLETT

Hämta första hjälpen-lådan så ringer jag en ambulans.
Get the first-aid kit and I will call an ambulance.

Efter min höftoperation använde jag kryckor i en månad, men jag behövde aldrig en rullstol.
After my hip surgery, I used crutches for a month, but I never needed a wheelchair.

Hon behöver en spruta istället för ett piller.
She needs an injection instead of a pill.

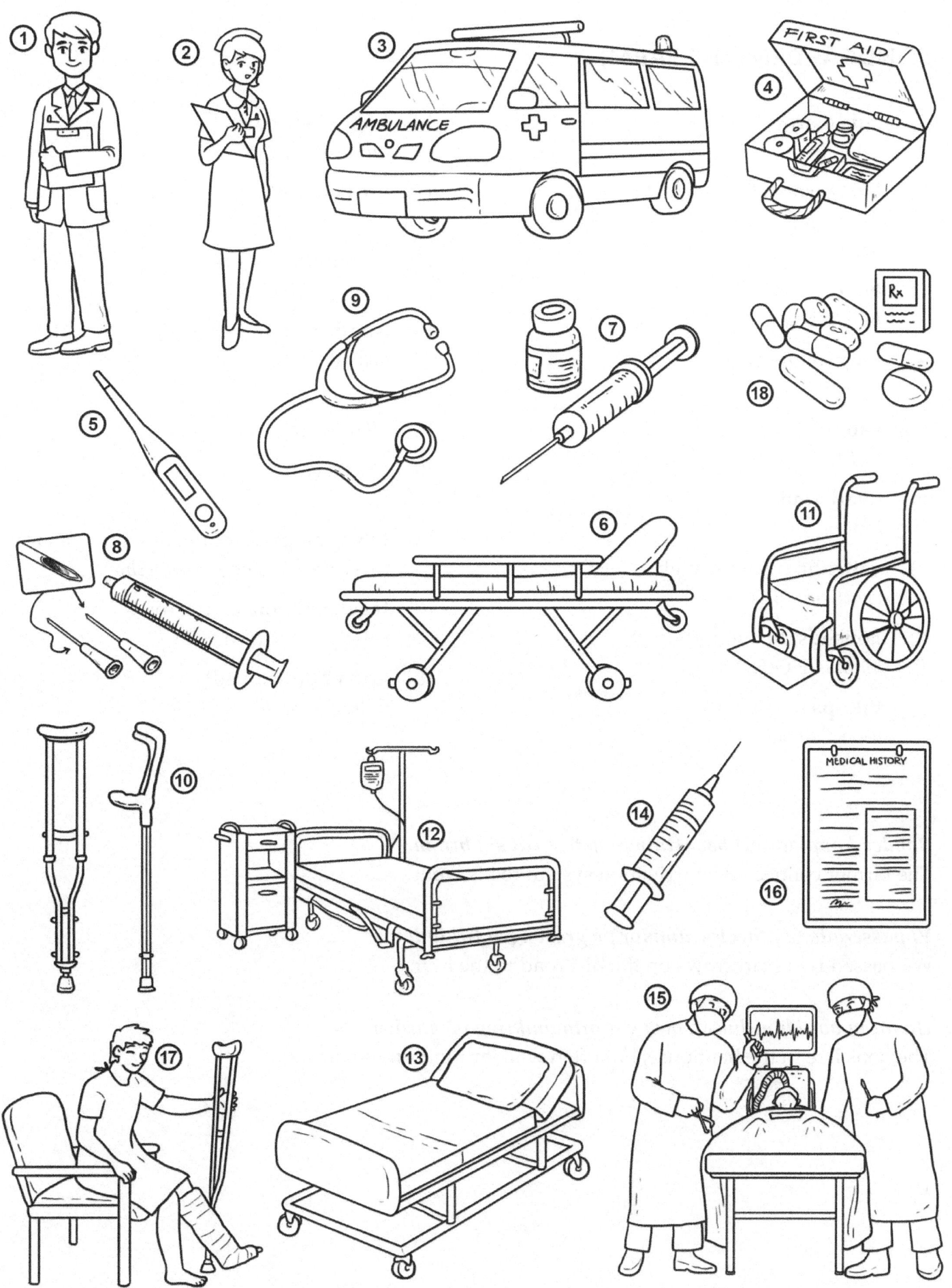

BONDGÅRDEN (THE FARM)

1) **lada** (barn)
   LAA-dah

2) **ladugård/stall** (cowshed/stable)
   LAH-gaurrd
   /stahll

3) **bonde** (farmer)
   BOHNN-deh

4) **plog** (plough)
   ploohg

5) **silo** (silo)
   SEEL-oh

6) **kvarn** (mill)
   kvaarn

7) **vattenho** (water trough)
   vahtt-enn-HOOH

8) **hönshus** (henhouse)
   huhnns-HOOS

9) **bikupa** (beehive)
   bee-KOO-pah

10) **höbal** (hay bale)
    huuh-BAAL

11) **boskap** (cattle)
    booh-SKAAP

12) **att mjölka** (to milk)
    ahtt MYUHLL-kah

13) **hjord/flock** (herd/flock)
    yoohrd/flohck

14) **höna** (hen)
    HUUH-nah

15) **brunn** (well)
    brounn

16) **bevattningssystem** (irrigation system)
    beh-VAHTT-nings-suess-teehm

17) **fågelskrämma** (scarecrow)
    FAU-gell-SKREMM-ah

18) **grusväg** (dirt road)
    GROOS-vai-g

Bonden kopplade ett bevattningssystem till sin brunn.
The farmer connected an irrigation system to his well.

Vi passerade två fågelskrämmor på grusvägen till ladan.
We passed two scarecrows on the dirt road to the barn.

Hönorna bor i hönshuset, men går ofta omkring på gården.
The hens live in the henhouse, but often walk around on the farm.

QUIZ #5

Use arrows to match the corresponding translations:

a. bår
b. gurka
c. stjärnfall
d. trådlös
e. bonde
f. munspel
g. sol
h. hallon
i. skrivare
j. brunn
k. omloppsbana
l. vetenskapsman
m. svamp
n. öster
o. forskare
p. vindruvor

1. scientist
2. cucumber
3. sun
4. farmer
5. printer
6. shooting star
7. grapes
8. well
9. researcher
10. raspberry
11. wireless
12. mushroom
13. orbit
14. harmonica
15. east
16. stretcher

Fill in the blank spaces with the options below (use each word only once):

Peter är _____ och har en _____ ute på landet. Där odlar han massa frukter och grönsaker. Han har träd som det växer _____ på, plantor fulla med _____, och fält fulla med _____. För att komma fram till Peters gård måste man åka genom en skog längs en lång _____. Peter tycker om musik, och på fritiden spelar han _____. Han är också intresserad av astronomi. Ute i en _____ har han sitt _____. Där sitter han på nätterna och tittar på olika _____. Han för också _____ över vädret och hur klar himlen är under hela året. Snart vill han åka till _____ och titta på norrskenet.

grusväg

jordgubbar

bonde

statistik

lada

konstellationer

piano

päron

polcirkeln

potatis

gård

teleskop

MAT (FOOD)

1) **russin** (raisin)
   rouss-inn

2) **nötter** (nuts)
   NUHTT-ehrr

3) **kött** (meat)
   shuhtt

4) **lamm** (lamb)
   lahmm

5) **fisk** (fish)
   fissk

6) **kyckling** (chicken)
   SHUECK-ling

7) **kalkon** (turkey)
   kahll-KOOHN

8) **honung** (honey)
   HAU-noung

9) **socker** (sugar)
   SOCK-ehrr

10) **salt** (salt)
    sahllt

11) **peppar** (pepper)
    pepp-AHRR

12) **bacon** (bacon)
    BEY-konn

13) **korvar** (sausages)
    korr-vahrr

14) **ketchup** (ketchup)
    KETT-shoupp

15) **majonnäs** (mayonnaise)
    mah-yoh-NAI-S

16) **senap** (mustard)
    seeh-NAHPP

17) **sylt** (jam)
    suellt

18) **smör** (butter)
    smuuhr

19) **juice** (juice)
    yoohs

20) **mjölk** (milk)
    myuhllk

Han gillar alla nötter förutom jordnötter.
He likes all nuts except for peanuts.

Vi äter alltid skinka på julen, men mina grekiska kusiner äter lamm.
We always eat ham on Christmas, but my Greek cousins eat lamb.

Jag gillar mycket senap och lite majonnäs på mina kalkonmackor.
I like a lot of mustard and a little mayonnaise on my turkey sandwiches.

MATRÄTTER (DISHES)

1) **lasagne** (lasagna)
   lahss-AHNN-iy

2) **potatisomelett** (potato omelette)
   poh-TAA-tiss-omm-eh-LETT

3) **köttfärslimpa** (meatloaf)
   shuhtt-fesh-LIMM-pah

4) **stekta nudlar** (fried noodles)
   steehk-tah NOOD-lahrr

5) **Mac & Cheese/makaronigratäng** (macaroni and cheese)
   MAHCK and SHEES /MAHCK-ah-rooh-nih-grah-TENG

6) **paella** (paella)
   pah-yell-ah

7) **grillade revbensspjäll** (barbecue ribs)
   grihll-ah-deh RAI-v-beehn-SPYELL

8) **majsbröd** (cornbread)
   mahys-BRUUHD

9) **vårrulle** (spring roll)
   vaur-ROULL-eh

10) **ostburgare** (cheeseburger)
    ohsst-BOUR-yah-reh

11) **friterad kyckling** (fried chicken)
    frih-TEEHR-ahdd SHUECK-ling

12) **Caesarsallad** (Caesar salad)
    SEEH-sahrr-SAHLL-ahdd

13) **löksoppa** (onion soup)
    luuhk-SOPP-ah

14) **vitkålssallad** (coleslaw)
    veet-kauls-SAHLL-ahdd

15) **heta kycklingvingar** (spicy chicken wings)
    heeh-tah shueck-ling-VING-ahrr

16) **kakor med chokladbitar** (chocolate-chip cookies)
    KAAK-ohrr meehd hwooh-KLAAD-bee-tahrr

17) **key lime pie** (key lime pie)
    kee laim-PAH-YI

18) **cheesecake** (cheesecake)
    SHEES-kayk

Jag föredrar vårrullar framför lasagne.
I prefer spring rolls to lasagna.

Jag älskar att äta grillade revbensspjäll på sommaren.
I love eating barbecue ribs in the summer.

Jag har aldrig ätit majsbröd, gillar du det?
I have never had cornbread, do you like it?

FISK OCH SKALDJUR (SEAFOOD)

1) **ansjovis** (anchovy)
   ahnn-HWOOH-viss

2) **torsk** (cod)
   toshck

3) **spindelkrabba** (spider crab)
   spinn-dell-KRAH-bah

4) **makrill** (mackerel)
   mahck-RILL

5) **hummer** (lobster)
   HOUMM-err

6) **pilgrimsmussla** (scallop)
   peel-grihmms-MOUSS-lah

7) **blåfisk** (snapper)
   blau-FISSK

8) **laxrom** (salmon roe)
   lacks-ROMM

9) **krabba** (crab)
   KRAH-bah

10) **skaldjur** (shellfish)
    skaal-you-r

11) **ål** (eel)
    aul

12) **räka** (shrimp)
    RAI-kah

Jag vet inte vad som är värst, ananas på pizza, eller ansjovis.
I don't know what's worse, pineapple on pizza, or anchovy.

Jag gillar alla sorters skaldjur.
I like every kind of shellfish.

Han gillar inte ålar, de påminner för mycker om ormar.
He doesn't like eels, they're too similar to snakes.

FORMER (SHAPES)

1) **cirkel** (circle)
   sihrr-KELL

2) **oval** (oval)
   ooh-VAAL

3) **triangel** (triangle)
   trih-AHNG-ell

4) **rektangel** (rectangle)
   reck-TAHNG-ell

5) **kvadrat/fyrkant** (square)
   *kvah-DRAAT
   /fuer-KAHNNT*

6) **parallelltrapets** (trapezoid)
   pah-rah-LELL-trah-PETTS

7) **romb** (rhombus)
   rommb

8) **kub** (cube)
   koob

9) **pentagon** (pentagon)
   penn-tah-GONN

10) **hexagon** (hexagon)
    heck-sah-GONN

11) **pil** (arrow)
    peel

12) **kors** (cross)
    kosh

13) **hjärta** (heart)
    yairt-ah

14) **stjärna** (star)
    HWAIR-nah

15) **cylinder** (cylinder)
    sue-LINN-dehrr

16) **kon** (cone)
    koohn

17) **pyramid** (pyramid)
    puerr-ah-MEED

18) **sfär** (sphere)
    sfair

19) **prisma** (prism)
    PRIHSS-mah

Han bär ett kors runt halsen, medan hon bär ett hjärta.
He wears a cross around his neck, while she wears a heart.

Det här rummet är format som en hexagon.
This room is shaped like a hexagon.

Jag vill se pyramiderna i Egypten.
I would like to see the pyramids in Egypt.

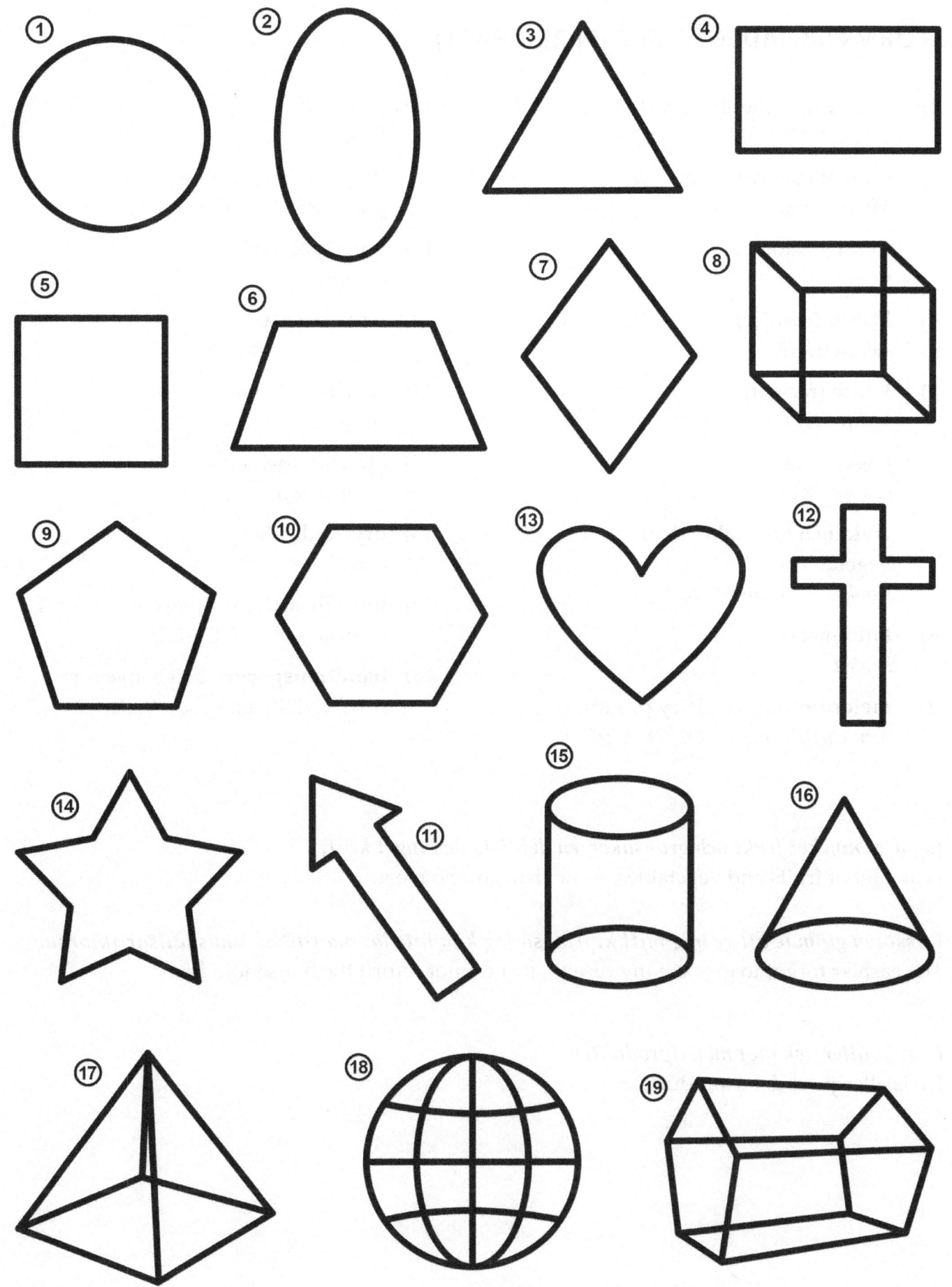

STORMARKNADEN (THE SUPERMARKET)

1) **kundvagn** (shopping cart)
   kound-VAHNGN

2) **monter** (cabinet/display case)
   MONN-tehrr

3) **kund** (customer)
   kound

4) **kassör** (cashier)
   kah-SUUHR

5) **kvitto** (receipt)
   kvihtt-OH

6) **bageri** (bakery)
   baa-geh-REE

7) **frukt och grönsaker** (fruits and vegetables)
   froukt ock gruuhn-SAA-kehrr

8) **kött** (meat)
   shuhtt

9) **mejeriprodukter** (dairy products)
   mey-eh-REE-proh-DOUCK-tehrr

10) **fisk** (fish)
    fissk

11) **djupfryst mat** (frozen food)
    youp-FRUEST maat

12) **höns** (poultry)
    huhnns

13) **baljväxter** (pulses)
    bahll-iy-VECK-stehrr

14) **snacks** (snacks)
    snahcks

15) **efterrätt** (dessert)
    EF-tehr-reet

16) **dryck** (drinks)
    drueck

17) **hushållsartiklar** (household items)
    hoos-holls-ahrr-TICK-lahrr

18) **bandtransportör** (belt conveyor)
    BAHNND-trahnn-spohrt-UUHR

Jag äter mycket frukt och grönsaker, en del fisk, och inget kött.
I eat a lot of fruits and vegetables, some fish, and no meat.

Kassören glömde att ge mig mitt kvitto, så jag kan inte lämna tillbaka hushållsartiklarna.
The cashier forgot to give me my receipt, so I cannot return the household items.

Han är allergisk mot mejeriprodukter.
He is allergic to dairy products.

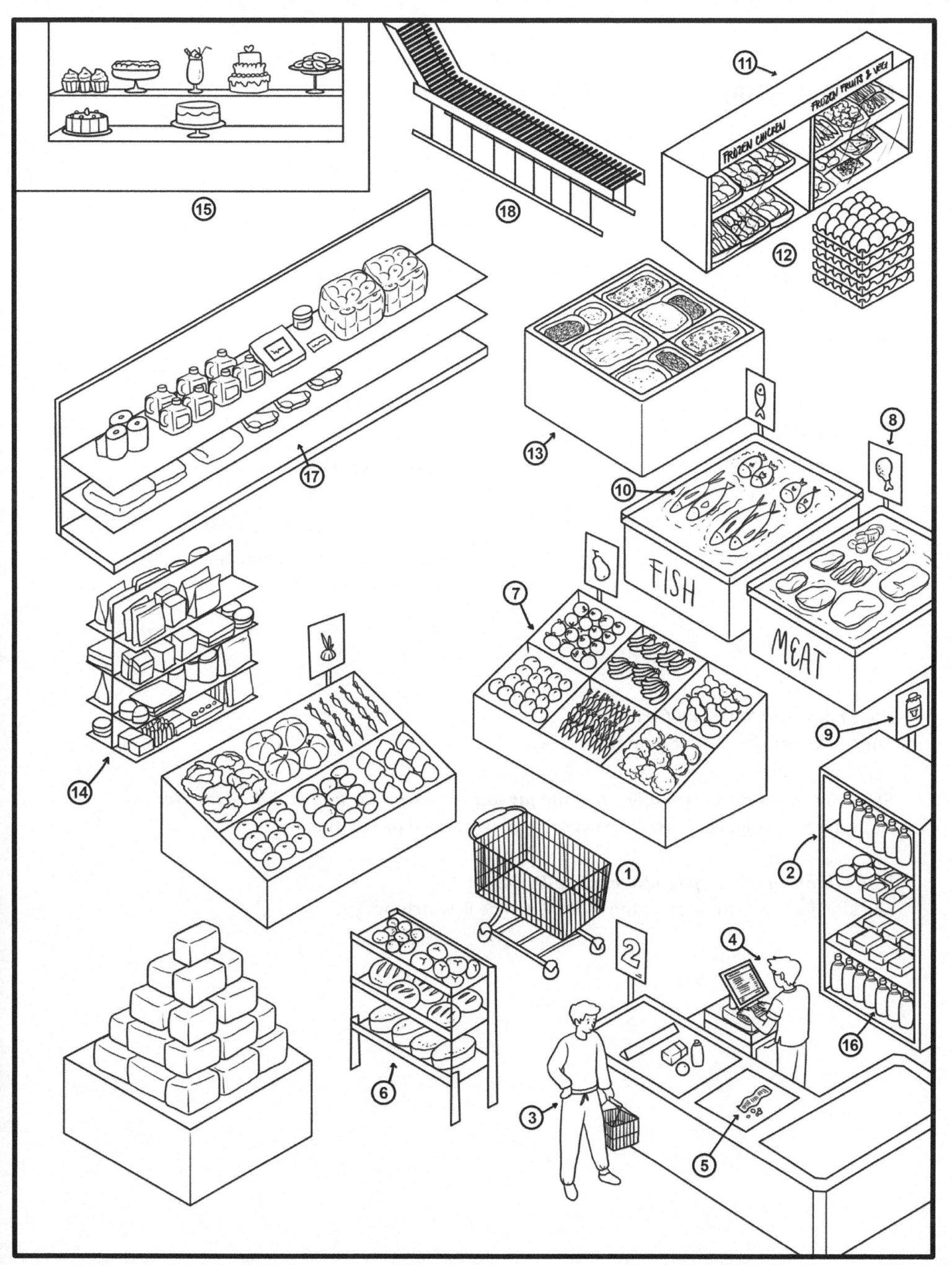

MEDIA (MEDIA)

1) **tidsskrift** (magazine)
   TEED-skreeft

2) **fax** (fax)
   fahcks

3) **journal** (journal)
   hwoohr-NAAL

4) **post** (postal mail)
   posst

5) **brev** (letter)
   breehv

6) **radio** (radio)
   RAA-dee-oh

7) **serie** (comic)
   SEEH-ree-eh

8) **bok** (book)
   boohk

9) **fotografi** (photography)
   fohtt-oh-grah-FEE

10) **telefon** (landline phone)
    teh-leh-FAUN

11) **TV** (TV)
    teeh-veeh

12) **filmer** (movies)
    FILL-mehrr

13) **mobiltelefon** (mobile phone/cellphone)
    moh-BEEL-teh-leh-FAUN

14) **teckenspråk** (sign language)
    teck-enn-SPRAUK

Boken är alltid bättre än filmen.
The book is always better than the movie.

Skicka ett meddelande till mig, eftersom jag aldrig svarar när min mobiltelefon ringer.
Send me a message, as I never answer when my mobile phone rings.

Hon vill alltid lyssna på radio när han kollar på TV.
She always wants to listen to the radio when he is watching TV.

NÖJESPARKEN/TIVOLIT (THE FAIR/THE AMUSEMENT PARK)

1) **lustiga huset** (house of mirrors)
   louss-tigg-ah HOO-sett

2) **piratskepp/båtgunga** (pirate ship/boat swing)
   pih-raat-HWEPP /baut-goung-AH

3) **biljettbås** (ticket booth)
   bill-YETT-baus

4) **slänggunga** (swing ride)
   sleng-GOUNG-ah

5) **berg-och-dalbana** (roller coaster)
   behrr-iy-ock-DAAL-BAA-nah

6) **pariserhjul** (Ferris wheel)
   pah-REES-ehrr-yool

7) **karusell** (carousel/merry-go-round)
   kah-rou-SELL

8) **radiobilar** (bumper cars)
   RAA-dee-oh-BEEL-ahrr

9) **tekoppar/kopp och fat** (teacups/cup and saucer)
   teeh-KOPP-ahrr/kopp-ohk-faaht

10) **pendel** (pendulum)
    PENN-dell

11) **spelhall** (arcade room)
    speehl-HAHLL

12) **corndog** (corn dog)
    KAURN-dohgg

13) **snow cone** (snow cone)
    snow-cone

14) **sockervadd** (cotton candy)
    sock-ehrr-VAHDD

15) **karamelläpple** (candy apple)
    kah-rah-MELL-EPP-leh

Hans mamma lät honom inte åka berg-och-dalbanan efter att han hade ätit karamelläpplen, corndogs, och sockervadd.
His mother did not let him ride the roller coaster after he had eaten candy apples, corn dogs, and cotton candy.

Hon gillar spänningen från slänggungan, men han gillar utsikten från pariserhjulet.
She likes the excitement of the swing ride, but he likes the view from the Ferris wheel.

Han är hellre i spelhallen än åker karusell.
He is rather in the arcade room than on a carousel.

LIVSHÄNDELSER (LIFE EVENTS)

1) **födelse** (birth)
   FUUH-dell-seh

2) **dop** (christening/baptism)
   doohp

3) **börja skolan** (start school)
   BUHR-yah SKOOH-lahnn

4) **skaffa vänner** (make friends)
   SKAHFF-ah VENN-ehrr

5) **födelsedag** (birthday)
   FUUH-dell-seh-DAAG

6) **bli kär** (fall in love)
   blee SHAIR

7) **examen** (graduation)
   eck-SAA-menn

8) **börja på universitetet/högskolan** (start university/begin college)
   BUHR-yah pau OUNN-ih-vesh-ih-TEEH-tett /huhg-SKOOH-lahnn

9) **få ett jobb** (get a job)
   fau ett YOBB

10) **bli en entreprenör** (become an entrepreneur)
    blee enn ahnn-treh-preh-NUUHR

11) **resa runt jorden** (travel around the world)
    reeh-sah rount YOOHR-denn

12) **gifta sig** (get married)
    YIFF-tah sey

13) **skaffa barn** (have a baby)
    SKAHFF-ah barn

14) **ha barnkalas** (celebrate children's party)
    haa BARN-kah-LAAS

15) **pensionering** (retirement)
    pahnn-hwoh-NEEHR-ing

16) **död** (death)
    duuh-d

Mina föräldrar gifte sig unga.
My parents got married young.

Jag fick ett jobb innan min examen.
I got a job before my graduation.

De vill inte skaffa barn.
They do not want to have a baby.

ADJEKTIV I (ADJECTIVES I)

1) **stor** (big)
   stoohr

2) **liten** (small)
   LEE-tenn

3) **högljudd** (loud)
   huuhg-YOUDD

4) **tyst** (silent)
   tuesst

5) **lång** (long)
   long

6) **kort** (short)
   korrt

7) **vid/bred** (wide)
   veed/breehd

8) **smal** (narrow)
   smaal

9) **dyr** (expensive)
   duer

10) **billig** (cheap)
    bill-igg

11) **snabb** (fast)
    snahbb

12) **långsam** (slow)
    long-SAHMM

13) **tom** (empty)
    tohmm

14) **full** (full)
    foull

15) **mjuk** (soft)
    myook

16) **hård** (hard)
    haurd

17) **lång/hög** (tall)
    long/huuhg

18) **kort** (short)
    korrt

De långa, smala gatorna och den fulla bussen gjorde resan svår.
The long, narrow streets and the full bus made the journey difficult.

Hon är inte särskilt kort, men hennes pojkvän är extremt lång.
She is not very short, but her boyfriend is extremely tall.

Den här filten är mjuk, men väldigt dyr.
This blanket is soft, but very expensive.

QUIZ #6

Use arrows to match the corresponding translations:

a. radiobilar

b. kund

c. filmer

d. löksoppa

e. hushållsartiklar

f. pil

g. examen

h. dyr

i. smör

j. torsk

k. korvar

l. baljväxter

m. brev

n. vårrulle

o. tyst

p. räka

1. letter

2. spring roll

3. butter

4. graduation

5. bumper cars

6. pulses

7. movies

8. cod

9. arrow

10. onion soup

11. expensive

12. shrimp

13. customer

14. silent

15. sausages

16. household items

Fill in the blank spaces with the options below (use each word only once):

Martin som nyligen tagit examen har äntligen _____! Han är så glad och vill göra ett gott första intryck på sina nya kollegor. Han bjuder därför hem dem på lunch en dag under sin första vecka på jobbet. Martin bestämmer sig för att bjuda på _____. Först funderar han på att göra något med _____ till förrätt, men en av kollegorna är allergisk så det går inte. Istället tänker han göra en _____. Martin kör till stormarknaden för att handla ingredienser. Han tar en _____ och går för att hitta malet _____ till lasagnen och _____ till salladen. Martin köper också en _____ form att göra lasagnen i. Han hittar en tårta som är på rea. Den blir _____ och bra att ha till _____. Det sista han plockar på sig är några flaskor _____ som de kan dricka. Martin betalar i kassan och får sitt _____, sen åker han hem och lagar mat.

Caesarsallad	skaldjur
juice	billig
lasagne	kyckling
kött	kvitto
kundvagn	fått ett jobb
oval	efterrätt

ADJEKTIV II (ADJECTIVES II)

1) **ny** (new)
nue

2) **gammal** (old)
gahmm-ahll

3) **bekväm** (comfortable)
beh-KVAI-m

4) **obekväm** (uncomfortable)
OOH- beh-KVAI-m

5) **farlig** (dangerous)
FAAR-ligg

6) **irriterande** (annoying)
ih-rih-TEEHR-ahnn-deh

7) **skakig** (shaky)
skaa-kigg

8) **komplett** (complete)
komm-PLETT

9) **inkomplett** (incomplete)
inn-komm-PLETT

10) **trasig** (broken)
TRAA-sigg

11) **jättevacker** (gorgeous)
YETT-eh-VAHCK-ehrr

12) **dygdig** (virtuous)
duegg-digg

13) **liknande** (similar)
LEEK-nahnn-deh

14) **annorlunda** (different)
AH-nohrr-LOUNN-dah

15) **öppen** (open)
UHPP-enn

16) **stängd** (closed)
stengd

Jag slänger den här stolen för att den är gammal och trasig.
I am throwing this chair away because it is old and broken.

Alla säger att han är jättevacker, men hon tycker bara att han är irriterande.
Everyone says that he is gorgeous, but she just finds him annoying.

Han känner sig obekväm när hon lämnar dörren öppen.
He feels uncomfortable when she leaves the door open.

ADVERB (ADVERBS)

1) **här** (here)
   hair

2) **där** (there)
   dair

3) **nära** (near)
   NAIR-ah

4) **långt bort** (far)
   longt BORT

5) **upp** (up)
   oupp

6) **ner** (down)
   neehr

7) **inuti/insida** (inside)
   INN-ou-TEE /inn-SEE-dah

8) **utanför/utsida** (outside)
   oot-ahnn-FUUHR /oot-SEE-dah

9) **framför** (ahead)
   FRAHMM-fuuhr

10) **bakom** (behind)
    baa-KOMM

11) **nej** (no)
    ney

12) **ja** (yes)
    yaa

13) **nu** (now)
    noo

14) **väl/bra/rätt** (well/good/right)
    vai-l/braa/rett

15) **dåligt/fel** (bad/wrong)
    daul-itt/feehl

Ja, jag vet vem hon är, men nej, jag känner henne inte väl.
Yes, I know who she is, but no, I do not know her well.

Man måste åka långt bort för att komma dit.
One has to go far to get there.

Kom hit nu!
Come here now!

RIKTNINGAR (DIRECTIONS)

1) **kvarter** (block)
   kvahr-TEEHR

2) **torg** (square)
   torr-iy

3) **park** (park)
   pahrrk

4) **tunnelbana** (subway)
   tou-nell-BAA-nah

5) **hörn** (corner)
   huuhrn

6) **aveny** (avenue)
   ah-venn-UE

7) **gata** (street)
   GAA-tah

8) **busshållplats** (bus stop)
   BOUSS-holl-PLAHTTS

9) **trafikljus** (traffic lights)
   trah-FEEK-yoos

10) **övergångsställe** (crossing/crosswalk)
    UUH-verr-gong-STELL-eh

11) **upp** (up)
    oupp

12) **ner** (down)
    neehr

13) **vänster** (left)
    VENN-stehrr

14) **höger** (right)
    HUUH-gehrr

15) **vägskyltar** (road signs)
    vai-g-HWUELL-tahrr

16) **trafikpolis** (traffic police)
    trah-FEEK-POH-lees

Det finns inga busshållplatser på min gata.
There are no bus stops on my street.

Du kan inte svänga höger i det här hörnet.
You cannot turn right at this corner.

Ta tunnelbanan från torget till parken.
Take the subway from the square to the park.

RESTAURANGEN (THE RESTAURANT)

1) **chef** (manager)
   hweehf

2) **bord** (table)
   boohrd

3) **meny** (menu)
   meh-NUE

4) **rätt** (dish)
   rett

5) **aptitretare** (appetizer)
   ahpp-TEET-REEH-tah-reh

6) **förrätt** (starter)
   fuuh-RETT

7) **huvudrätt** (main course)
   HOO-vood-RETT

8) **efterrätt** (dessert)
   EFTER-rett

9) **krog** (diner)
   kroohg

10) **kock** (cook)
    kock

11) **servitör** (waiter)
    sehrr-vih-TUUHR

12) **servitris** (waitress)
    sehrr-vih-TREES

13) **dricks** (tip)
    drihcks

14) **barnstol** (high chair)
    barn-STOOHL

15) **vinlista** (wine list)
    veen-LISS-tah

16) **konditor** (pastry chef)
    konn-DEE-torr

Jag älskar den här restaurangens efterrätter och aptitretare.
I love this restaurant's desserts and appetizers.

Servitrisen gjorde ett jättebra jobb, så jag gav henne generöst med dricks.
The waitress did an excellent job, so I gave her a generous tip.

Vi dricker inte, så vinlistan behövs inte.
We do not drink, so the wine list is not necessary.

KÖPCENTRET (THE MALL)

1) **våning** (floor)
   VAU-ning

2) **akvarium** (aquarium)
   ah-KVAA-rih-oumm

3) **restaurangtorg** (food court)
   ress-tou-RAHNG-TORR-iy

4) **hiss** (elevator)
   hihss

5) **rulltrappa** (escalators)
   roull-TRAH-pah

6) **nödutgång** (emergency exit)
   nuuhd-oot-GONG

7) **skönhetssalong** (beauty salon)
   hwuuhn-heehts-sah-LONG

8) **klädaffär** (clothing store)
   KLAID-ahff-AIR

9) **lekplats** (playground)
   leehk-PLAHTTS

10) **ordningsvakt** (security guard)
    AURD-nings-VAHKT

11) **övervakningskamera** (surveillance camera)
    UUH-vehrr-vaak-nings-KAA-mehrr-ah

12) **bageri** (bakery)
    baa-geh-REE

13) **sportaffär** (sports store)
    SPOHRT-ahff-AIR

14) **fontän** (fountain)
    fonn-T-AIN

Ordningsvakten sa åt mig att ta hissen eller rulltrapporna till första våningen för att komma till restaurangtorget.
The security guard told me to take the elevator or the escalators to the first floor to get to the food court.

Tjuven fångades på film av övervakningskameran framför klädaffären.
The thief was caught on film by the surveillance camera in front of the clothing store.

När min man går till sportaffären köper jag något i bageriet och äter det bredvid fontänen.
When my husband goes to the sports store, I buy something at the bakery and eat it next to the fountain.

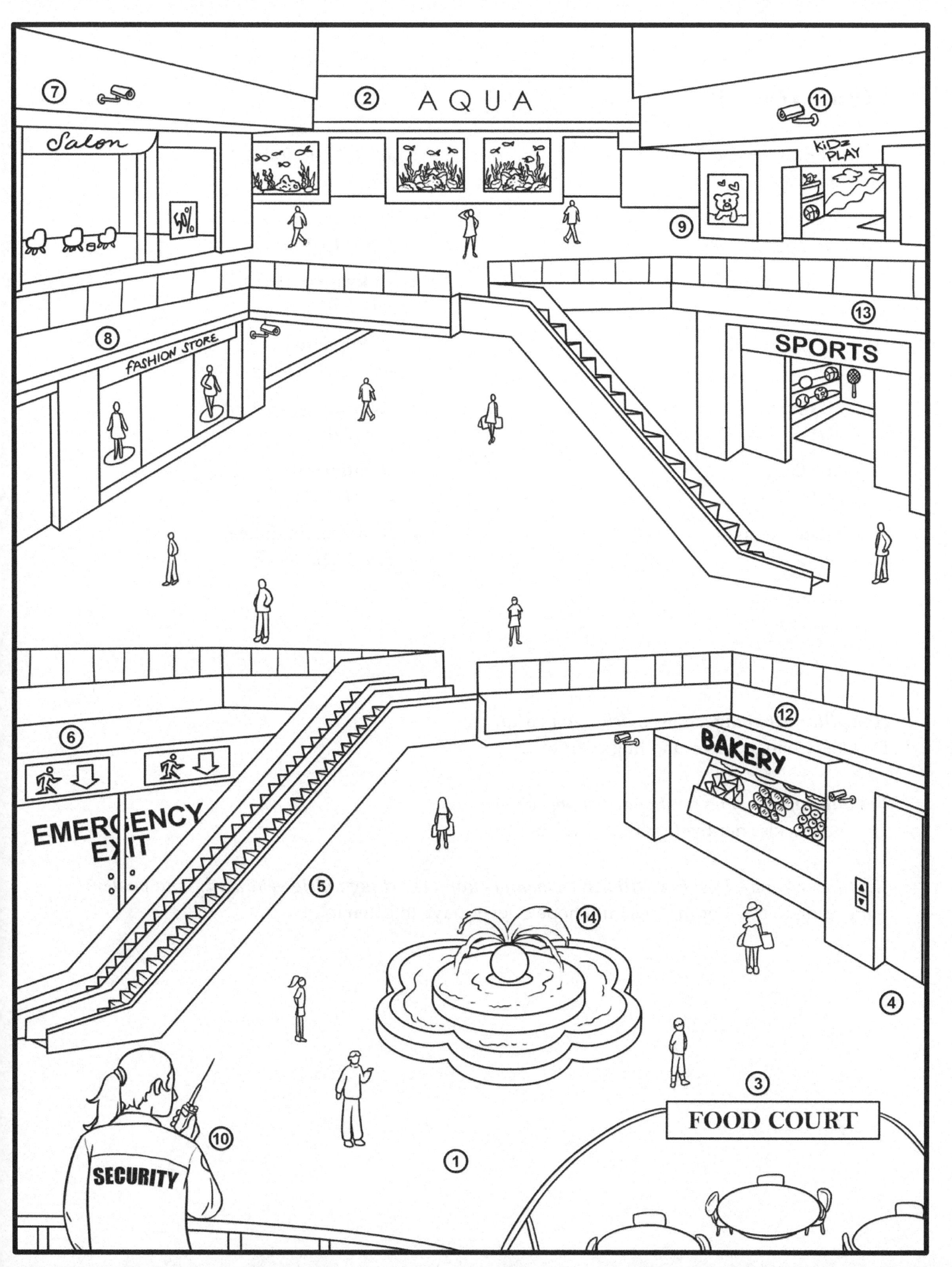

VERB I (VERBS I)

1) **att prata** (to talk)
   ahtt PRAA-tah

2) **att dricka** (to drink)
   ahtt DRIHCK-ah

3) **att äta** (to eat)
   ahtt AI-tah

4) **att gå** (to walk)
   ahtt gau

5) **att öppna** (to open)
   ahtt UHPP-nah

6) **att stänga** (to close)
   ahtt STENG-ah

7) **att ge** (to give)
   ahtt yeeh

8) **att se** (to see)
   ahtt seeh

9) **att följa** (to follow)
   ahtt fuhll-yah

10) **att krama** (to hug)
    ahtt KRAA-mah

11) **att kyssa** (to kiss)
    ahtt SHUESS-ah

12) **att köpa** (to buy)
    ahtt SHUUH-pah

13) **att lyssna** (to listen)
    ahtt LUESS-nah

14) **att sjunga** (to sing)
    ahtt HWOUNG-ah

15) **att dansa** (to dance)
    ahtt DAHNN-sah

Han gillar att sjunga, dansa, och krama alla.
He likes to sing, dance, and hug everyone.

Jag ville kyssa henne första gången jag såg henne.
I wanted to kiss her the first time I saw her.

Jag tänker köpa CD-skivan till henne, men jag hoppas att jag aldrig behöver lyssna på den!
I am going to buy her the CD, but I hope I never have to listen to it!

VERB II (VERBS II)

1) **att skriva** (to write)
   ahtt SKREE-vah

2) **att läsa** (to read)
   ahtt LAI-sah

3) **att städa** (to clean)
   ahtt STAI-dah

4) **att plocka upp** (to pick up)
   ahtt PLOCK-ah OUPP

5) **att hitta** (to find)
   ahtt HITT-ah

6) **att tvätta** (to wash)
   ahtt TVETT-ah

7) **att titta** (to watch)
   ahtt TITT-ah

8) **att fixa/laga** (to fix)
   ahtt FICK-sah/LAA-gah

9) **att tänka** (to think)
   ahtt TENG-kah

10) **att ta** (to take)
    ahtt taa

11) **att klippa/att skära** (to cut)
    *ahtt KLIHPP-ah
    /hw-AIR-ah*

12) **att stoppa** (to stop)
    ahtt STOHPP-ah

13) **att gråta** (to cry)
    ahtt GRAU-tah

14) **att le** (to smile)
    ahtt leeh

15) **att hjälpa** (to help)
    ahtt YELL-pah

Om du vill skriva så måste du läsa.
If you want to write, you must read.

Han började gråta och jag kunde inte hjälpa honom.
He started crying and I could not help him.

Jag skulle plocka upp henne, men jag kunde inte hitta henne.
I was going to pick her up, but I could not find her.

BYGGE I (CONSTRUCTION I)

1) **kran** (crane)
   kraan

2) **varningstejp** (hazard tape)
   VAAR-nings-TEYP

3) **trafikkon** (traffic cone)
   trah-FEEK-KOOHN

4) **byggspade** (construction shovel)
   buegg-SPAA-deh

5) **hammare** (hammer)
   HAHMM-ah-reh

6) **kabeltång** (wire cutters)
   KAA-bell-TONG

7) **roller** (paint roller)
   ROHLL-ehrr

8) **motorsåg** (chainsaw)
   mooh-torr-SAUG

9) **borr** (drill)
   bohrr

10) **bergborrmaskin** (jackhammer)
    BERR-iy-bohrr-mah-HWEEN

11) **tång** (pliers)
    tong

12) **skruvmejsel** (screwdriver)
    skrouv-MEY-sell

Jag kunde inte komma hem för mitt bostadsområde var omgärdat av trafikkoner och varningstejp.
I could not get home because my neighborhood was surrounded by traffic cones and hazard tape.

Det där är en kabeltång; jag bad om en vanlig tång.
That is a wire cutter; I asked for regular pliers.

Han gjorde ett hål med en hammare och en skruvmejsel eftersom han inte hade någon borr.
He made a hole with a hammer and a screwdriver since he did not have a drill.

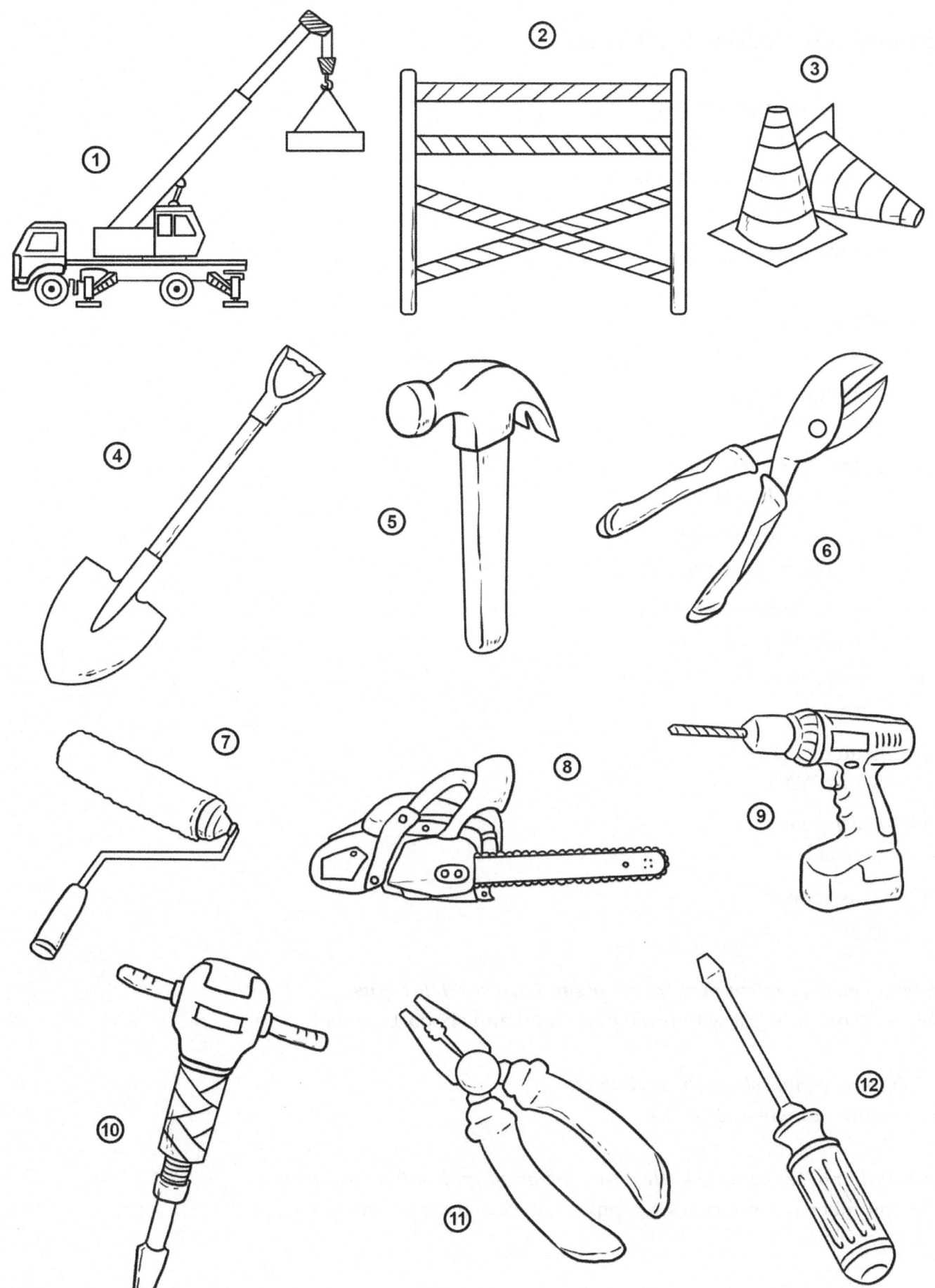

BYGGE II (CONSTRUCTION II)

1) **verktygslåda** (toolbox)
   VAIRK-tuegs-LAU-dah

2) **skyddshjälm** (work helmet/hard hat)
   hwuedds-YELLM

3) **ritning** (blueprint)
   REET-ning

4) **rör** (pipes)
   ruuhr

5) **murslev** (trowel)
   moor-SLEEHV

6) **betongblandare** (concrete mixer)
   beh-TONG-BLAHNN-dah-reh

7) **tegel/tegelsten** (brick)
   TEEH-gell/TEEH-gell-STEEHN

8) **byggmaterial** (building materials)
   BUEGG-mah-trih-AAL

9) **kakel** (tiles)
   KAA-kell

10) **cement** (cement)
    seh-MENNT

11) **sand** (sand)
    sahnnd

12) **grus** (gravel)
    groos

Blanda en del cement med tre delar sand och sex delar grus.
Mix one part cement with three parts sand and six parts gravel.

Ge honom en murslev och tegelstenar.
Give him a trowel and bricks.

Rörmokaren tänker inte kolla rören förrän vi ger honom ritningarna.
The plumber will not check the pipes until we give him the blueprints.

QUIZ #7

Use arrows to match the corresponding translations:

a. kvarter

b. motorsåg

c. liknande

d. gråta

e. dricks

f. hiss

g. verktygslåda

h. ordningsvakt

i. bakom

j. bekväm

k. tång

l. förrätt

m. framför

n. sjunga

o. gata

p. nödutgång

1. toolbox

2. block

3. behind

4. emergency exit

5. pliers

6. chainsaw

7. elevator

8. street

9. cry

10. ahead

11. similar

12. comfortable

13. security guard

14. tip

15. sing

16. starter

Fill in the blank spaces with the options below (use each word only once):

En av Hannas tröjor var _____ och hon ville därför köpa en ny. Hon åkte till det nya köpcentret och gick in i en _____. Där hittade hon genast en tröja hon gillade. Hon bestämde sig för att äta lunch. Det var svårt att _____, eftersom allt inte var färdigbyggt ännu. Hanna var hungrig så hon frågade en _____ om vägen till centrets _____. Han sa åt henne att åka _____ för _____ till nästa våning, och gå till. _____Därefter borde hon gå förbi butiken med och till höger runt ett _____, sen skulle hon vara framme. Hanna gjorde som vakten sa. När hon kom upp för rulltrappan hörde hon en _____ i affären med varningstejpen. De höll fortfarande på att bygga där inne. Hanna gick vidare och hittade snart restaurangtorget. Där hittade hon snabbt något att _____.

upp	ordningsvakt
vänster	hörn
klädaffär	trasig
rulltrappan	äta
restaurangtorg	varningstejp
borr	hitta

VÄXTER OCH TRÄD (PLANTS AND TREES)

1) **vildblomma** (wildflower)
   vihlld-BLOHMM-ah

2) **ört** (herb)
   uhrrt

3) **svamp** (mushroom)
   svahmmp

4) **ogräs** (weed)
   ooh-GRAI-s

5) **sjögräs** (seaweed)
   hwuuh- GRAI-s

6) **ormbunke** (fern)
   ohrrm-BOUNG-keh

7) **vass** (reed)
   vahss

8) **bambu** (bamboo)
   BAHMM-bou

9) **murgröna** (ivy)
   moor-GRUUH-nah

10) **mossa** (moss)
    mohss-ah

11) **gräs** (grass)
    grai-s

12) **palmträd** (palm tree)
    PAHLLM-trai-d

13) **mangrove** (mangrove)
    mahnn-grov

14) **kaktus** (cactus)
    KAHCK-touss

Jorden är hemsk här, så de enda växterna som växer bra är vildblommor och ogräs.
The soil is terrible here, so the only plants that grow well are wildflowers and weeds.

Min mamma hade ormbunkar, örter, och palmträd i sin trädgård.
My mother had ferns, herbs, and palm trees in her garden.

Jag gillar lukten av sjögräs på stranden.
I like the smell of seaweed on the beach.

KARNEVALEN (THE CARNIVAL)

1) **mask** (mask)
   mahssk

2) **utklädnad** (costume/disguise)
   oot-KLAID-nahdd

3) **flak** (float)
   flaak

4) **blommor** (flowers)
   BLOHMM-ohrr

5) **virveltrumma** (snare drum)
   VIHRR-vell-TROUMM-ah

6) **clown** (clown)
   klown

7) **superhjälte** (superhero)
   soo-pehrr-YELL-teh

8) **prinsessa** (princess)
   prihnn-SESS-ah

9) **astronaut** (astronaut)
   ahss-troh-NAOT

10) **mimare** (mime)
    MEEM-ah-reh

11) **fånge** (prisoner)
    FONG-eh

12) **hushållsapparat** (household appliance)
    HOOS-holls-ahpp-ah-RAAT

13) **älva** (fairy)
    ELL-vah

14) **skogshuggare** (lumberjack)
    skohggs-HOUGG-ah-reh

Min dotter var en älva på flaket med blommorna.
My daughter was a fairy on the float with the flowers.

Min son ville vara en clown eller en mimare.
My son wanted to be a clown or a mime.

Det fanns inga astronautkostymer, så jag klädde ut mig till skogshuggare.
There were no astronaut costumes, so I dressed up as a lumberjack.

VERKSTADEN (THE WORKSHOP)

1) **verktyg** (tool)
   verrk-TUEG

2) **sadelmakeri** (saddlery)
   SAA-dell-maa-kehrr-EE

3) **snickeri** (carpentry/woodwork)
   snick-ehrr-EE

4) **tapetserararbete** (upholstery/tapestry)
   tah-petts-EAR-ahrr-ahrr-BEEH-teh

5) **skomakeri** (shoemaking/shoerepair)
   SKOOH-maa-kehrr-EE

6) **silversmed** (silversmith)
   SILL-vehrr-SMEEHD

7) **smed** (blacksmith)
   smeehd

8) **mekaniker** (mechanic)
   meh-KAA-nick-ehrr

9) **textil** (textile)
   teck-STEEL

10) **bageri** (bakery)
    baa-geh-REE

11) **smycken** (costume jewelry)
    SMUECK-enn

12) **skodon** (footwear)
    skooh-dohnn

13) **underhåll** (maintenance)
    ounn-dehrr-HOLL

14) **reparation** (repair)
    reh-pahrr-ah-HWOOHN

15) **måleri** (painting)
    maul-eh-REE

16) **bakverk** (pastry)
    baak-VERRK

Hans pappa ville att han skulle ta över snickeriföretaget.
His father wanted him to take over the carpentry business.

Vi behöver någon som kan sköta underhållet.
We need someone who can take care of the maintenance.

Jag behöver ta bilen till en mekaniker.
I need to take the car to a mechanic.

MATAFFÄREN (THE GROCERY STORE)

1) **pasta** (pasta)
   pahss-tah

2) **ris** (rice)
   rees

3) **havre** (oat)
   HAAV-reh

4) **bröd** (bread)
   bruuhd

5) **oljor** (oils)
   oll-yohrr

6) **såser** (sauces)
   SAUS-ehrr

7) **salladsdressingar** (salad dressings)
   SAHLL-ahdds-DREHSS-ing-ahrr

8) **kryddor/tillbehör** (condiments)
   kruedd-ohrr
   /till-beh-HUUHR

9) **konserver** (canned goods)
   konn-SERR-vehrr

10) **skinka** (ham)
    HWIHNN-kah

11) **ost** (cheese)
    ohsst

12) **jordnötssmör** (peanut butter)
    yoohrd-nuuhts-SMUUHR

13) **godis** (candy)
    GOOH-diss

14) **bönor** (beans)
    BUUHN-ohrr

15) **kaffe** (coffee)
    kahff-EH

16) **te** (tea)
    teeh

Till frukost äter jag bröd med jordnötssmör och dricker en kopp kaffe.
For breakfast I eat bread with peanut butter and drink a cup of coffee.

Han älskar såser och salladdressingar, men de ger honom magknip.
He loves sauces and salad dressings, but they give him a stomachache.

Hon serverar pasta eller ris med varje måltid.
She serves pasta or rice with every meal.

RESANDE OCH BOENDE I (TRAVEL AND LIVING I)

1) **värd** (host)
   vaird

2) **turist** (tourist)
   tou-RIHSST

3) **resenär** (traveler)
   reh-seh-NAIR

4) **bagage** (luggage)
   bah-GAASH

5) **handbagage** (hand luggage)
   hahnnd-bah-GAASH

6) **kamera** (camera)
   KAA-mehrr-ah

7) **hotell** (hotel)
   hoh-TELL

8) **vandrarhem** (hostel)
   vahnn-drahrr-HEMM

9) **Bed & Breakfast/värdshus** (Bed & Breakfast/inn)
   bedd and BRECK-fuhsst /vaird-sh-HOOS

10) **stuga** (cabin)
    stoo-gah

11) **tält** (tent)
    tellt

12) **flyg** (flight)
    flueg

13) **avgång** (departure)
    aav-GONG

14) **ankomst** (arrival)
    ahnn-KOMMST

Värdshus och vandrarhem är för sociala för mig; jag föredrar att bo på hotell när jag är turist.
Inns and hostels are too social for me; I prefer to stay in hotels when I'm a tourist.

De sover vanligtvis i ett tält när de åker till skogen, men ibland hyr de en stuga.
They usually sleep in a tent when they go to the woods, but sometimes they rent a cabin.

De försöker vara diskreta med sina kameror så att de inte ser ut som turister.
They try to be discreet with their cameras so that they don't look like tourists.

RESANDE OCH BOENDE II (TRAVEL AND LIVING II)

1) **stad** (town)
   staad

2) **karta** (map)
   kaar-TAH

3) **busshållplats** (bus stop)
   BOUSS-holl-PLAHTTS

4) **taxi** (taxi)
   TAHCKS-ih

5) **biluthyrning** (car rental)
   BEEL-oot-HUER-ning

6) **tågstation** (train station)
   TAUG-stah-HWOOHN

7) **flygplats** (airport)
   flueg-PLAHTTS

8) **pass** (passport)
   pahss

9) **id-kort/identifikationskort** (ID/identification card)
   ee-deeh-KOHRT /ih-DENN-tih-fick-ah-HWOOHNS-KOHRT

10) **valuta** (currency)
    vah-LOOT-ah

11) **kontanter** (cash)
    konn-TAHNN-tehrr

12) **bankkort** (debit card)
    BAHNKh-KOHRT

13) **kreditkort** (credit card)
    kreh-DEET-KOHRT

14) **turistguide** (tourist guide)
    tou-RIHSST-GAH-YI-d

Jag använder vanligtvis ett bankkort, så jag har sällan kontanter.
I usually use a debit card, so I rarely have cash.

Vi behöver ingen karta, men en turistguide vore användbar.
We do not need a map, but a tourist guide would be helpful.

Taxin tog mig till tågstationen istället för flygplatsen, så jag missade mitt flyg.
The taxi took me to the train station instead of the airport, so I missed my flight.

LEKSAKER (TOYS)

1) **boll** (ball)
   boll

2) **nallebjörn** (teddy bear)
   nahll-eh-BYUUHRN

3) **tåg** (train)
   taug

4) **skateboard** (skateboard)
   SKEYT-board

5) **docka** (doll)
   dohck-AH

6) **racerbil** (race car)
   ray-sehrr-BEEL

7) **robot** (robot)
   ROHBB-ott

8) **drake** (kite)
   DRAA-keh

9) **trumma** (drum)
   troumm-ah

10) **rockring** (hula hoop)
    rock-RIHNG

11) **vagn** (wagon)
    vahngn

12) **klossar** (blocks)
    KLOSS-ahrr

13) **xylofon** (xylophone)
    ksue-loh-FAUN

18) **lastbil** (truck)
    lahsst-BEEL

14) **flygplan** (airplane)
    flueg-plaan

15) **block** (bricks)
    blohck

Erik gillar att leka med tåg och lastbilar, men hans bror Paul leker med dockor.
Erik likes playing with trains and trucks, but his brother Paul plays with dolls.

Jag har drakar till grannbarnen.
I have kites for the neighborhood kids.

Mitt yngsta barn bär med sig sin nallebjörn överallt.
My youngest child carries her teddy bear with her everywhere.

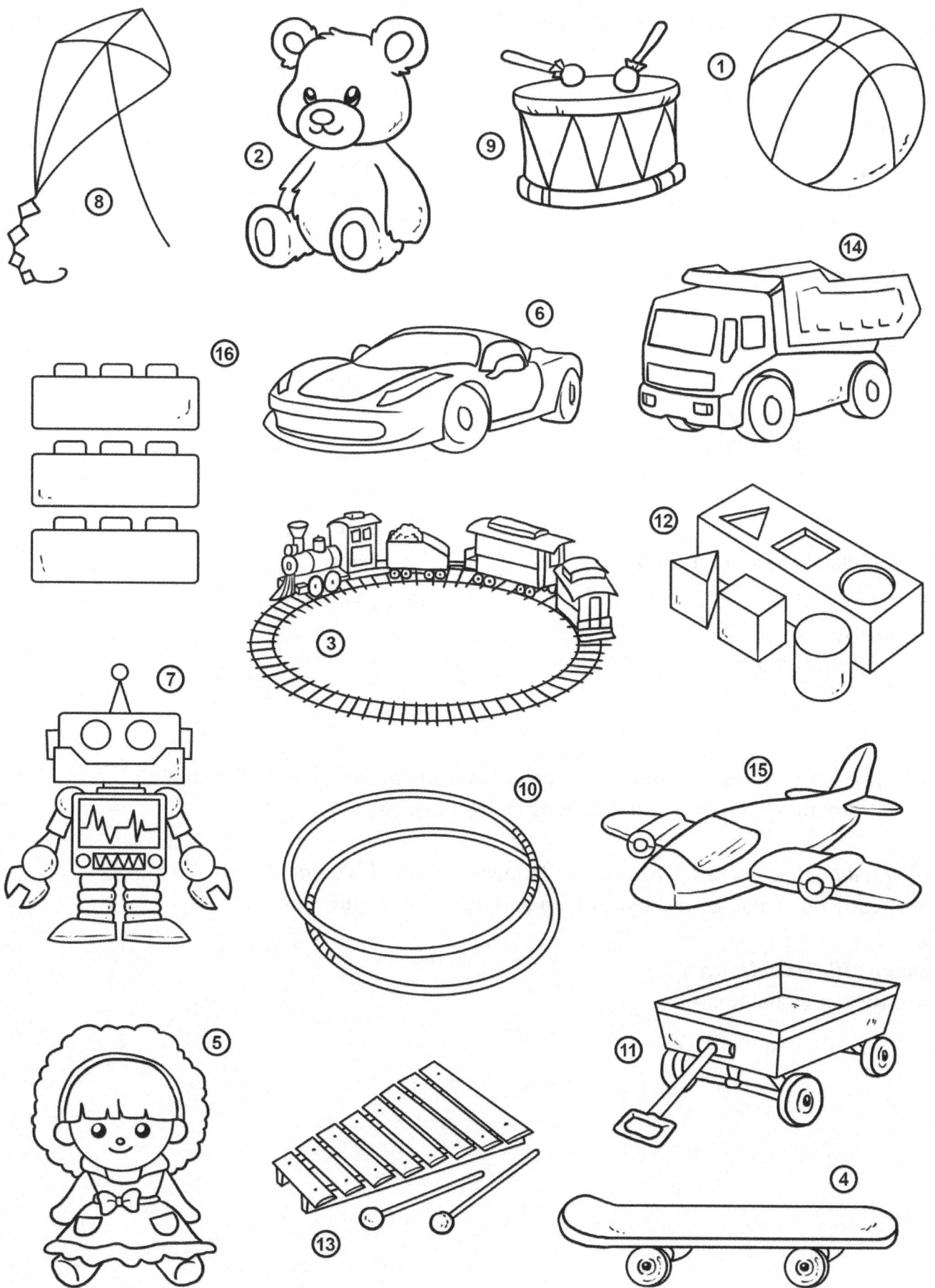

FÖDELSEDAGSKALASET (THE BIRTHDAY PARTY)

1) **födelsedagsbanderoll** (birthday banner)
   FUUH-dell-seh-daags-bahnn-deh-ROLL

2) **dekoration** (decoration)
   deh-koh-rah-HWOOHN

3) **present** (present/gift)
   preh-SENNT

4) **servis** (tableware)
   serr-VEES

5) **födelsedagsbarn** (birthday person)
   FUUH-dell-seh-daags-BARN

6) **ballong** (balloon)
   bah-LONG

7) **födelsedagstårta** (birthday cake)
   FUUH-dell-seh-daags-TAUR-tah

8) **tallrikar** (plates)
   tahll-RIHCK-ahrr

9) **gafflar** (forks)
   gahff-LAHRR

10) **skedar** (spoons)
    HWEEH-dahrr

11) **glas** (cups)
    glaas

12) **sugrör** (straw)
    soog-RUUHR

13) **piñata** (piñata)
    pinn-YAA-tah

14) **ljus** (candle)
    yoos

15) **hatt** (hat)
    hahtt

16) **gäster** (guests)
    YESS-tehrr

Jag bryr mig inte så mycket om presenter så länge jag får min födelsedagstårta.
I do not care much about presents as long as I get my birthday cake.

Vi har redan glas och tallrikar. Kan du ta med gafflar och skedar?
We already have glasses and plates. Can you bring forks and spoons?

Tammy ville ha ballonger.
Tammy wanted balloons.

MOTSATSER (OPPOSITES)

1) **ren** (clean)
   reehn

2) **smutsig** (dirty)
   smoutts-IGG

3) **få** (few)
   fau

4) **många** (many)
   MONG-ah

5) **attack** (attack)
   ah-TAHCK

6) **försvar** (defense)
   fuhsh-VAAR

7) **rak** (straight)
   raak

8) **krokig** (curved)
   krooh-kigg

9) **tillsammans** (together)
   till-SAHMM-ahnns

10) **åtskilda** (separated)
    aut-HWILL-dah

11) **ung** (young)
    oung

12) **gammal** (old)
    gahmm-ahll

13) **välstånd** (wealth)
    vai-l-STONND

14) **brist** (shortage)
    brihsst

15) **konkav** (concave)
    konn-KAAV

16) **konvex** (convex)
    konn-VECKS

Vägen hit är krokig, men vägen dit är rak.
The road here is curved, but the road there is straight.

Kampsporter är till för försvar, inte för att attackera.
Martial arts are for defense, not for attacking.

Många börjar kursen, men få avslutar den.
Many start the course, but few finish it.

QUIZ #8

Use arrows to match the corresponding translations:

a. murgröna   1. traveler

b. ren   2. fairy

c. karta   3. map

d. fånge   4. oat

e. drake   5. fern

f. älva   6. canned goods

g. underhåll   7. kite

h. havre   8. clean

i. rockring   9. ivy

j. resenär   10. host

k. ormbunke   11. maintenance

l. skodon   12. footwear

m. gäster   13. car rental

n. värd   14. prisoner

o. konserver   15. hula hoop

p. biluthyrning   16. guests

Fill in the blank spaces with the options below (use each word only once):

Förra året var Emelie ute och reste. Hon åkte till en _____ i sydvästra USA. Det första Emelie gjorde när hon kom fram var att åka till _____ och lämna sitt _____. Personalen på hotellet berättade att det var en karneval i stan den här helgen, därför var det extra många _____ där. Emelie gick till ett _____ i närheten och köpte ett _____ _____och en kopp _____. Hon hade inte vetat om karnevalen och hade därför ingen _____, så hon gick till en affär för att köpa något enkelt. Hon hittade en _____ _____som täckte halva ansiktet och såg ut som en katt. När Emelie hade köpt masken hörde hon _____ och musik så hon gick mot ljudet. Efter en stund såg hon karnevalen. Det var folk överallt och det satt i _____.

bagage	bakverk
mask	utklädnad
stad	ballonger
trummor	hotellet
kaffe	bageri
palmträden	turister

CONCLUSION

Well done! You have reached the end of this book and, hopefully, learnt a lot more Swedish on the way! Although there will always be more to say about the Swedish language, and this may only be the beginning of your learning, we are sure that you are a lot more familiar and comfortable with Swedish now than you were at the beginning.

Don't let your Swedish-speaking journey end here! We encourage you to go further, to learn more about grammar, and to build your Swedish-speaking confidence. Not every part of this book will be equally relevant to you – if you are not interested in astronomy, you don't need to focus as much on that section of the book as on other areas that are more essential to you and your life.

Here are some tips on what to do now in order to learn more Swedish:

1) Identify which topics would be most useful to you and focus on learning vocabulary in that area. Once you feel more confident about it, move on to other areas.
2) Practice a little bit every day. If you make an overly ambitious study plan, it is easy to not stick with it. Break down your learning goals into smaller pieces to make it more attainable, and it will be easier to be consistent and keep it up.
3) Use several types of media. Try reading while listening to the same text, watch movies in Swedish with English subtitles, or English films with Swedish subtitles! Feel free to check out our audiobooks and other Swedish learning material.
4) Study in groups, and practice talking with both native speakers and other Swedish learners – you will learn plenty from both!

Lycka till! Good luck!

ANSWERS

QUIZ #1

a-8. b-13. c-1. d-10. e-2. f-16. g-5. h-6. i-4. j-9. k-11. l-14. m-7. n-15. o-3. p-12.

När Emma vaknade den här morgonen var hon **ivrig**. Hon skulle få träffa sin **morfar** idag. Han var hennes absoluta favoritperson. Sen Emmas mormor dog så hade han varit **änkling** och ganska ensam, men Emma kände stor **tacksamhet** över att han fortfarande hade **entusiasm** för livet. Han bodde på en liten gård ute på landet och hade flera djur, men hans stora, lurviga **hund** och hans lilla, rosa **minigris** var hans bästa vänner. Han hade också flera fåglar i en damm. En gång hade en **anka** bitit Emmas **hand** när hon skulle mata den, men hon blev bara lite **öm** och bröt som tur var inga **ben**. Emma var **nyfiken** på vad som skulle hända under det här besöket!

QUIZ #2

a-10. b-1. c-6. d-9. e-12. f-2. g-16. h-4. i-3. j-13. k-5. l-15. m-7. n-8. o-14. p-11.

När det börjar bli sommar och det är varmt och **soligt** ute, då brukar vår familj göra fler **utomhusaktiviteter**. Vi tycker till exempel om att åka till zooet och se på djuren. Min bror tycker om att kolla på de farliga djuren, speciellt reptilerna, spindlarna, och stora rovdjur. Helst vill han se en **skallerorm** och höra deras läte. Han vill också se en **krokodil** nere vid dammen, och en **hammarhaj** i akvariet. I terrariet vill han alltid hitta en så stor **spindel** som möjligt. Det finns också en grotta där man kan få se **fladdermöss** hänga i taket, men jag tycker att det är för **kallt** där inne, speciellt om man har på sig sommarkläder som **shorts** eller en **klänning**. Jag vill hellre hitta en **björn** som ser ut som min nalle ute i parken. Zooet har också en **hyena** som är fin, men den låter läskigt.

QUIZ #3

a-4. b-3. c-9. d-5. e-13. f-10. g-6. h-2. i-12. j-7. k-11. l-16. m-15. n-8. o-14. p-1.

Min syster och jag har olika favoritårstider. Jag tycker mest om hösten och hon tycker mest om vintern. Vi bläddrar otåligt i vår **kalender** och blir glada varje gång vi får vända blad till en ny **månad**. Jag gillar hösten mest eftersom jag tycker om spökhistorier, fallande löv, **pumpor**, och att äta **halloweengodis**. Min syster tycker om att **åka skridskor** och att baka pepparkakor. Så fort det är december tar hon fram sina **kakformar**. Både min syster och jag tycker att det är mysigt att sitta inne i en **fåtölj** under en **filt** och dricka **varm choklad** framför vår **eldstad**, och att ha fina **dekorationer** i hela huset. Allt det får vi njuta av under både hösten och vintern. Det är den bästa tiden på **året**.

QUIZ #4

a-3. b-11. c-9. d-7. e-13. f-16. g-5. h-4. i-10. j-12. k-1. l-14. m-15. n-2. o-8. p-6.

Sophie är **student** på ett universitet. Hon pluggar till **ingenjör** och bor mitt i stan. Sophie har ingen bil, så hon cyklar när hon behöver åka någonstans. På fritiden spelar hon **badminton** i universitetsligan. I december skulle hennes lag ha avslutning och äta en god **julmiddag** hemma hos en av hennes lagkamrater. Sophie tog fram sin **cykel** och rullade iväg med en väska full av presenter på ryggen. När hon svängde runt ett hörn kom plötsligt en stor **truck** i hög fart, så oväntat att Sophie körde av vägen, in i en **buske**, och föll av cykeln. Som tur var klarade både hon och alla **julklappar** sig oskadda. Bara hennes **tomteluva** blev riktigt smutsig. När Sophie kom fram till festen fick hon tvätta luvan i sin väns **tvättmaskin**. Med lite extra starkt **tvättmedel** blev den som ny igen, och hon slapp slänga den i **soptunnan**!

QUIZ #5

a-16. b-2. c-6. d-11. e-4. f-14. g-3. h-10. i-5. j-8. k-13. l-1. m-12. n-15. o-9. p-7.

Peter är **bonde** och har en **gård** ute på landet. Där odlar han massa frukter och grönsaker. Han har träd som det växer **päron** på, buskar fulla med **jordgubbar**, och fält fulla med **potatis**. För att komma fram till Peters gård måste man åka genom en skog längs en lång **grusväg**. Peter tycker om musik, och på fritiden spelar han **piano**. Han är också intresserad av astronomi. Ute i en **lada** har han sitt **teleskop**. Där sitter han på nätterna och tittar på olika **konstellationer**. Han för också **statistik** över vädret och hur klar himlen är under hela året. Snart vill han åka till **polcirkeln** och titta på norrskenet.

QUIZ #6

a-5. b-13. c-7. d-10. e-16. f-9. g-4. h-11. i-3. j-8. k-15. l-6. m-1. n-2. o-14. p-12.

Martin som nyligen tagit examen har äntligen **fått ett jobb**! Han är så glad och vill göra ett gott första intryck på sina nya kollegor. Han bjuder därför hem dem på lunch en dag under sin första vecka på jobbet. Martin bestämmer sig för att bjuda på **lasagne**. Först funderar han på att göra något med **skaldjur** till förrätt, men en av kollegorna är allergisk så det går inte. Istället tänker han göra en **Caesarsallad**. Martin kör till stormarknaden för att handla ingredienser. Han tar en **kundvagn** och går för att hitta malet **kött** till lasagnen och **kyckling** till salladen. Martin köper också en **oval** form att göra lasagnen i. Han hittar en tårta som är på rea. Den blir **billig** och bra att ha till **dessert**. Det sista han plockar på sig är några flaskor **juice** som de kan dricka. Martin betalar i kassan och får sitt **kvitto**, sen åker han hem och lagar mat.

QUIZ #7

a-2. b-6. c-11. d-9. e-14. f-7. g-1. h-13. i-3. j-12. k-5. l-16. m-10. n-15. o-8. p-4.

En av Hannas tröjor var **trasig** och hon ville därför köpa en ny. Hon åkte till det nya köpcentret och gick in i en **klädaffär**. Där hittade hon genast en tröja hon gillade. Hon bestämde sig för att äta lunch. Det var svårt att **hitta** eftersom allt inte var färdigbyggt ännu. Hanna var hungrig så hon frågade en **ordningsvakt** om vägen till centrets **restaurangtorg**. Han sa åt henne att åka **upp** för **rulltrappan** till nästa våning, och gå till **vänster**. Sen skulle hon gå förbi butiken med **varningstejp** och till höger runt ett **hörn**, sen skulle hon vara framme. Hanna gjorde som vakten sa. När hon kom upp för rulltrappan hörde hon en **borr** i affären med varningstejpen. De höll ännu på att bygga där inne. Hanna gick vidare och hittade snart restaurangtorget. Där hittade hon snabbt något att **äta**.

QUIZ #8

a-9. b-8. c-3. d-14. e-7. f-2. g-11. h-4. i-15. j-1. k-5. l-12. m-16. n-10. o-6. p-13.

Förra året var Emelie ute och reste. Hon åkte till en **stad** i sydvästra USA. Det första Emelie gjorde när hon kom fram var att åka till **hotellet** och lämna sitt **bagage**. Personalen på hotellet berättade att det var en karneval i stan den här helgen, därför var det extra många **turister** där. Emelie gick till ett **bageri** i närheten och köpte ett **bakverk** och en kopp **kaffe**. Hon hade inte vetat om karnevalen och hade därför ingen **utklädnad**, så hon gick till en affär för att köpa något enkelt. Hon hittade en **mask** som täckte halva ansiktet och såg ut som en katt. När Emelie köpt masken hörde hon **trummor** och musik så hon gick mot ljudet. Efter en stund såg hon karnevalen. Det var folk överallt och det satt **ballonger** i **palmträden**.

MORE BOOKS BY LINGO MASTERY

We are not done teaching you Swedish until you're fluent!

Here are some other titles you might find useful in your journey to mastering Swedish:

- **Swedish Short Stories for Beginners**
- **Easy Swedish Phrase Book**
- **Conversational Swedish Dialogues**

Check out all of our titles at **www.LingoMastery.com/swedish**

Made in the USA
Monee, IL
28 April 2026